En marge

Notes et essais

Aldous Huxley

Writat

Cette édition parue en 2023

ISBN : 9789359255828

Publié par
Writat
email : info@writat.com

Contenu

I
CENTENAIRES

De Bocca di Magra à Bocca d'Arno, kilomètre après kilomètre, les plages de sable s'étendent en douceur et sans interruption. À l'intérieur des terres, derrière la plage, derrière une ceinture de pins abritant un abri, se trouve une bande de plaine côtière, plate comme une tranche de Hollande et endiguée par de lents ruisseaux. Ici pousse le maïs et la vigne, entrecoupés de plantations de peupliers minces et de prairies grasses. Çà et là, les ruisseaux se jettent dans des lacs peu profonds, dont les rives sont bordées de champs de riz détrempés. Et derrière cette bande de plaine, à quatre ou cinq milles de la mer, se dressent brusquement et abruptement les montagnes : les Alpes Apuanes. Leurs plus hautes crêtes sont en calcaire nu, strié çà et là du marbre blanc qui apporte la prospérité aux petites villes qui se dressent à leurs pieds : Massa et Carrara, Serravezza, Pietrasanta. La moitié des pierres tombales du monde sont creusées dans ces nobles rochers. Leurs pentes inférieures sont grises d'oliviers, vertes de bois de châtaigniers. Sur leurs sommets reposent les énormes masses sculptées des nuages.

De cap en cap, en forme de pont,

Sur une mer torrentielle,

À l'épreuve des rayons du soleil, je suis suspendu comme un toit,—

Les montagnes sont ses colonnes.

Le paysage vous cite assez bien Shelley. Cette mer avec ses calmes lumineux et ses tempêtes soudaines, ces îles d'un bleu pâle qui se profilent à l'horizon, ces montagnes et leurs nuages merveilleux, ces rivières et ces bois sont la substance même de sa poésie. Vivez un peu sur cette côte et vous vous surprendrez constamment à penser à cette poésie charmante, étrangement enfantine, à cet homme beau et enfantin. Peut-être que son esprit hante la côte. C'est dans cette mer qu'il naviguait sur son fragile bateau, dirigeant d'une main et tenant de l'autre son petit volume d'Eschyle. Vous l'imaginez ainsi dans les jours de calme. Et les jours de tempête soudaine et violente, vous pensez à lui aussi. Les éclairs traversent le ciel, les tonnerres sont comme de terribles explosions au-dessus, la bourrasque s'abat avec fureur. Quelles nouvelles du fragile bateau ? Aucun, sauf que quelques jours après la tempête, un jeune corps est rejeté sur le rivage, battu, méconnaissable ; le petit Eschyle dans la poche du manteau est tout ce qui nous dit que c'était Shelley.

J'ai passé l'été sur cette côte hantée. Ce doit être mon excuse pour mentionner, dans un monde aussi égocentrique que le nôtre, le nom d'un poète mort depuis cent ans. Mais rassurez-vous. Je n'ai pas l'intention d'écrire un article sur l'ange inefficace battant en vain dans le vide ses ailes. Je n'ai pas l'intention d'ajouter mon coassement au chœur mélodieux des célébrateurs du centenaire. Non; le fantôme de Shelley, qui se promène dans la Versilie et la Lunigia, sur les bords du golfe de Spezia et au-dessous de Pise où Arno évacue, ce fantôme à qui j'ai serré la main et parlé, m'incite, à ne pas ajouter un éloge surérogatoire et impertinent. , mais plutôt pour protester contre les effusions des autres encomiastes, des chantres du centenaire à la voix mielleuse.

Le roucoulement de ces personnes, ordinairement spécifique contre l'insomnie, est dans ce cas un irritant ; ça réveille, ça exacerbe. Car il est certainement ennuyeux et dégoûtant, ce spectacle d'une jeunesse rebelle louée à outrance, cent ans après sa mort, par des gens qui le haïraient et seraient horrifiés par lui, s'il était vivant, autant que les critiques écossais haïssaient et ont été horrifiés par Shelley. Comment ces personnes traiteraient-elles un jeune contemporain qui, non content d'être un innovateur littéraire, utiliserait son talent pour attaquer la religion et l'ordre établi, blasphémerait contre la ploutocratie et le patriotisme, se proclamerait bolchevik, internationaliste, pacifiste, objecteur de conscience? On disait de lui que c'était un jeune homme dangereux qu'il fallait remettre à sa place ; et soit ils dénigraient et dénigraient son talent, soit – s'ils étaient un peu plus subtilement respectables – ils ne permettraient jamais que son nom soit imprimé dans aucun des périodiques qu'ils contrôlaient. Mais voyant que Shelley a été brûlé en toute sécurité sur le sable de Viareggio il y a cent ans, voyant qu'il n'est plus un homme dangereux mais seulement un classique mort, ces respectables partisans de la littérature et de la société établies se joignent en chœur pour le louer, et expliquez sa signification et prêchez des sermons sur lui. Le roucoulement mélodieux s'accompagne d'un reniflement, et il plane sur ces célébrations du centenaire un miasme génial d'hypocrisie et de manque de sincérité. L'effet de ces anniversaires festifs en Angleterre n'est pas de raviver la vie chez les grands morts ; un centenaire est plutôt un second enterrement, une réaffirmation de la mort. Un esprit autrefois vivant se fossilise et, au milieu de cérémonies solennelles et funéraires, le classique pétrifié est dûment niché dans le temple de la respectabilité.

Comme c'est mieux qu'ils commandent ces choses en Italie ! Dans ce pays, qu'il faut toujours plus admirer à mesure qu'on le voit, on célèbre comme il se doit ses grands hommes ; mais ne les célébrez pas en reniflant, ni en vêtements noirs, ni avec des livres de prières à la main, des crêpes autour de leurs chapeaux et une haine, dans leur cœur, de tout ce qui a trait à la vie et à la vigueur. Non non; ils font de leurs morts un prétexte pour vivifier la vie parmi les vivants ; ils s'amusent de leurs centenaires.

L'année dernière, les Italiens célébraient le six centième anniversaire de la mort de Dante. Imaginez maintenant à quoi aurait ressemblé cette célébration en Angleterre. Tous les critiques les plus âgés et tous les jeunes gens qui aspirent à être vieux auraient écrit de longs articles dans tous les journaux littéraires. Cela aurait donné le ton. Après cela, un noble seigneur, ou même un Prince du Sang, aurait dévoilé un monument conçu par Frampton ou par quelque autre maçon monumental de l'Académie. Des discours imbéciles, composés de deux syllabes au maximum, auraient alors été prononcés sur les cendres du poète le plus intelligent du monde. Bien entendu, aucune référence ne serait faite à son intelligence ; mais son caractère, ah ! son personnage recevrait une presse élogieuse. Les hommes les plus ardents et les plus amers seraient cités en exemple pour tous les enfants de l'école du dimanche.

Après cette démonstration de révérence, nous aurions dû avoir un joli spectacle historique sous la pluie. Une jeune femme vêtue d'une banderole blanche aurait représenté Béatrice, et pour le Poète lui-même on aurait trouvé un acteur manager avec un profil et une voix. Guelfes et Gibelins déguisés de l'époque allaient barboter dans la boue, et de nombreux vers de Louis Napoléon Parker étaient déclamés. Et à la fin, nous rentrerions tous chez nous avec un rhume à la tête et un ennui septique, mais avec en même temps un agréable sentiment de vertu, comme si nous avions été à l'église.

Voyez maintenant ce qui se passe en Italie. L'événement principal de la célébration de Dante est une énorme revue militaire. Des centaines de milliers de petits hommes bruns et nerveux défilent dans les rues de Florence. De jeunes officiers d'une fabuleuse élégance claquent dans des culottes d'équitation superbement taillées et des bottes scintillantes. Toute la population féminine palpite. C'est un excellent début. Des discours sont alors prononcés, comme on ne peut en faire qu'en Italie, des discours ronds, grondants et sonores, sur Dante le poète Italianissime, Dante l'irrédentiste, Dante le prophète de la Grande Italie, Dante le fléau des Yougo-Slaves et des Serbes. Un immense enthousiasme. N'ayant jamais lu une ligne de ses œuvres, nous sentons que Dante est notre ami personnel, un frère fasciste.

Après cela, le vrai plaisir commence ; nous avons les *manifestazioni sportives* des célébrations du centenaire. D'innombrables courses cyclistes sont organisées. De féroces jeunes fascistes aux visages de héros romains rendent hommage au poète en parcourant cent quatre-vingts kilomètres à l'heure sur le circuit de Milan. Les Fiat, Ansaldos et Lancias à grande vitesse s'affrontent à travers les Apennins et autour des bastions des Alpes. Les pigeons sont abattus, les chevaux galopent, le football se joue sous un soleil de plomb. Vive Dante !

Comme c'est infiniment préférable à l'étouffement et au reniflement d'un centenaire anglais ! Après tout, la poésie est la vie et non la mort. Les courses cyclistes n'ont peut-être pas grand-chose à voir avec Dante, même si je l'imagine, son visage mince, figé comme du métal, dévalant les spirales de l'Enfer sur une paire de roues scintillantes ou gravissant laborieusement les pentes d'une sur trois de la Montagne du Purgatoire. au dos de son fidèle Sunbeam. Non, ils n'ont peut-être pas grand-chose à voir avec Dante ; mais les spectacles dans la cathédrale anglicane se terminent, les articles ennuyeux rédigés par des vieillards qui le haïraient et le craindraient s'il était vivant, les discours des nobles seigneurs sur les monuments érigés par les académiciens royaux - tout cela a sûrement encore moins à voir avec l'auteur de l' *Enfer*.

Ce ne sont pas seulement leurs grands morts que les Italiens célèbrent de cette façon glorieusement vivante. Même leurs fêtes religieuses ont le même caractère jovial et chaleureux. Cet été, par exemple, une grande fête a eu lieu à Loreto pour célébrer l'arrivée d'une nouvelle image de la Vierge qui remplace l'ancienne qui a été brûlée il y a peu de temps. L'excitation a commencé à Rome, où l'image, après avoir été bénie par le Pape, a été transportée en automobile jusqu'à la gare, au milieu d'une foule enthousiaste qui criait « Evviva Maria » tandis que la Fiat et son fardeau sacré passaient. L'arrivée de la Vierge à Lorette fut le signal d'un formidable élan de réjouissance. Les courses cyclistes habituelles avaient lieu ; il y avait des matchs de football, des compétitions de tir aux pigeons et des jeux olympiques. Le plaisir a duré des jours. À la fin des festivités, deux cardinaux montèrent en avion et bénirent les multitudes rassemblées – incident dont le pape aurait fait remarquer que la bénédiction, dans ce cas, venait bien du ciel.

Des gens rares ! Si seulement nous, Anglo-Saxons, pouvions emprunter aux Italiens un peu de leur réalisme, de leur amour de la vie pour elle-même, des choses palpables, solides, immédiates. Dans notre pays obscur, nous avons l'habitude d'accorder trop de respect à des valeurs fictives ; nous adorons les invisibilités et, dans notre jouissance de la vie immédiate, nous sommes retenus par des inhibitions imaginaires. Nous pensons trop au passé, à la métaphysique, à la tradition, au futur idéal, au décorum et aux bonnes manières ; trop peu de vie et le moment bruyant et scintillant. Les Italiens sont nés futuristes. Il n'était pas nécessaire que Marinetti les persuade de célébrer Dante avec des courses cyclistes ; ils l'auraient fait naturellement, spontanément, si aucune propagande futuriste n'avait jamais été diffusée. Marinetti est le produit de l'Italie moderne, et non de l'Italie moderne de Marinetti. Ils sont tous futuristes dans cette Italie brûlante où nous, du Nord, ne cherchons qu'une évasion dans le passé. Ou plutôt, ce ne sont pas des futuristes : l'étiquette de Marinetti a été mal choisie. Ce sont des présentistes. Les premiers chrétiens, préoccupés de rien d'autre que du bien-être de leur âme dans la vie à venir, étaient des futuristes, si vous préférez.

Nous ferions bien d'apprendre quelque chose de leur vif présentisme. Espérons que nos arrière-petits-enfants célébreront le prochain centenaire de la mort de Shelley par des régates aériennes et des courses d'hydravions. Les vivants seront amusés et les morts dignement commémorés. L'esprit de l'homme qui, durant sa vie, s'est réjoui du vent et des nuages, des sommets des montagnes et des eaux, du vol des oiseaux et du glissement des navires, se réjouira lorsque les jeunes hommes célébreront sa mémoire en volant dans les airs ou en survolant , comme des cygnes qui se posent, à la surface de la mer.

Les rochers sont fendus et à travers la nuit pourpre

Je vois des voitures tirées par des coursiers aux ailes arc-en-ciel

Qui piétinent les vents faibles ; dans chacun il y a

Un conducteur de char aux yeux fous les exhortant à fuir.

Certains regardent derrière eux, alors que des démons les poursuivaient là-bas,

Et pourtant je ne vois que des étoiles vives ;

D'autres, les yeux brûlants, se penchent et boivent

Avec des lèvres avides le vent de leur propre vitesse,

Comme si la chose qu'ils aimaient s'enfuyait auparavant,

Et maintenant, encore maintenant, ils l'accrochaient.

L'homme qui a écrit ceci est sûrement mieux célébré par des courses d'avions ou même de vélos que par des articles de sept colonnes rédigés par MM. — eh bien, peut-être ferions-nous mieux de ne citer aucun nom. Prenons exemple sur le livre italien.

II
SUR LA LECTURE *DE CANDIDE*

Les camions de meubles avaient déchargé leur chargement dans la nouvelle maison. Nous avons été installés, ou du moins, nous avons dû profiter d'une vie insupportable dans la saleté et la confusion. Un des préraphaélites, je l'oublie à l'instant qui, a peint un tableau intitulé "Le dernier jour dans la vieille maison". Un sujet touchant. Mais il faudrait un pinceau plus sombre et plus dur pour dépeindre les horreurs du « Premier jour dans la nouvelle maison ». Je m'étais assis désespéré parmi les meubles renversés lorsque j'ai remarqué - avec quel frisson de reconnaissance heureuse - le haut d'un petit livre relié en cuir dépassant d'une masse de volumes plus volumineux dans une caisse découverte. C'était *Candide*, ma précieuse petite édition originale de 1759, avec sa page de titre discrètement ridicule, « *Candide ou L'Optimisme* , Traduit de l'Allemand de M. le Docteur Ralph. »

Optimisme — j'en avais besoin d'un peu en ce moment, et comme M. le Docteur Ralph est notoirement un des prédicateurs les plus capables de l'inspirer, je repris le volume et me mis à lire : « Il y avait en Westphalie, dans le Château de M. le Baron de Thunder-ten-tronckh.... » Je n'ai baissé le volume que lorsque j'ai atteint le final : « Il faut cultiver notre jardin. Je me sentais plus sage et plus joyeux grâce aux soins du docteur Ralph.

Mais ce qu'il y a de remarquable dans la relecture *de Candide* , ce n'est pas que le livre amuse, ni qu'il ravisse et étonne par son éclat ; c'est tout à fait normal. Non, cela évoque une émotion nouvelle et, du moins pour moi, inattendue. Au bon vieux temps, avant le Déluge, l'histoire des aventures de Candide ne nous paraissait, à nous, bourgeois tranquilles et abrités, qu'une délicieuse chimère, ou tout au plus une exagération pleine d'entrain de conditions dont nous savions, vaguement et théoriquement, exister, avoir existé, très loin dans l'espace et le temps. Mais lisez le livre aujourd'hui ; vous vous sentez entièrement chez vous dans ses pages. C'est comme lire un compte rendu des faits et des opinions de 1922 ; rien n'a jamais été plus applicable, plus précis. Le monde dans lequel nous vivons est reconnaissable par celui de Candide et de Cunégonde , de Martin et de la Vieille, fille d'un pape et fiancée du prince souverain de Massa-Carrara. La seule différence est que les horreurs se rassemblent en bien plus grande quantité dans le monde de 1922 que dans celui de Candide. Les manœuvres de Bulgare et d'Abare, les luttes intestines au Maroc, le tremblement de terre et *les autodafés* ne sont que de pâles choses comparées à la Grande Guerre, à la famine russe, aux Noirs et Feu, aux fascistes et à toutes les autres horreurs de l'époque. dont nous pouvons être fiers. « Quand Sa Hautesse envoye un vaisseau en Egypte, » remarqua le Derviche, « s'embarrasse-t-elle si les souris qui sont dans le vaisseau sont à leur aise ou non ? " Non; mais il y a des moments où Sa

Hautesse, distraitement sans doute, laisse tomber dans la cale du navire quelques dizaines de chats affamés ; le présent semble en faire partie.

Des chats en soute ? Il n'y a rien de surprenant là-dedans. La sagesse de Martin et de la vieille femme, autrefois fiancée au prince de Massa-Carrara, est devenue la sagesse quotidienne du monde entier depuis 1914. Dans l'heureux passé victorien et édouardien, l'Europe occidentale, comme Candide, s'étonnait de tout. Il a été étonné par la conduite effroyable du roi Bomba, étonné par les Turcs, étonné par les chicanes politiques et les mœurs lâches du Second Empire - (qu'est-ce que tout Zola sinon une exclamation prolongée d'étonnement face aux agissements de ses contemporains ?) . Après cela, nous avons été étonnés du comportement dégoûtant des Boers, tandis que le reste de l'Europe était étonné du nôtre. S'en est suivi l'étonnement généralisé qu'en ce qu'on appelle le vingtième siècle, les hommes noirs devraient être traités comme ils l'étaient au Congo et en Amazonie. Puis vint la guerre : un grand éclat d'étonnement indigné, et ensuite un acquiescement aussi complet, aussi calmement cynique que celui de Martin. Car nous avons découvert, au cours de l' *histoire un peu excessivement prolongée à la Candide* des sept dernières années, que l'étonnement est une émotion surérogatoire. Tout est possible, non seulement à la Providence, dont nous avons toujours su, quoique pendant un certain temps, théoriquement, étranges les voies, mais aussi aux hommes.

Les hommes, pensions-nous, avaient grandi à partir du hobbledehoyisme brutal et déchaîné des époques antérieures et étaient désormais aussi polis et distingués que Gibbon lui-même. Nous savons désormais mieux. Créez un environnement d'entrave et vous aurez un comportement d'entrave ; créez un environnement Gibbonish et tout le monde sera, plus ou moins, distingué. Cela semble évident, maintenant. Et maintenant que nous vivons dans un monde encombré, nous avons si bien appris la leçon de Martin que nous pouvons assister presque sans émotion aux catastrophes naturelles les plus épouvantables et aux démonstrations de bêtise et de méchanceté humaines qui nous auraient incités dans le passé à nous surprendre et à nous surprendre. indignation. En effet, nous avons laissé Martin derrière nous et sommes devenus, à bien des égards, Pococurante.

Et quel est le remède ? M. le Docteur Ralph voudrait nous faire croire qu'elle consiste dans la culture patiente de nos jardins. Il a probablement raison. Le seul problème est que les jardins de certains d'entre nous ne valent guère la peine d'être cultivés. Le jardin de l'employé de banque et de l'ouvrier d'usine, le jardin de la vendeuse, le jardin du fonctionnaire et de l'homme politique, peut-on les cultiver avec beaucoup d'enthousiasme ? Ou encore mon jardin, le jardin du journalisme littéraire. Dans cette petite parcelle, je creuse et fouille, je plante, je taille et enfin je récolte – assez peu, Dieu sait ! – d'une fin d'année à l'autre. Et dans quel but, à qui pour un bien, comme dirait la Grammaire latine ? Ah, voilà, je suis là.

Il y a un passage dans une lettre de Tchekov que tout journaliste littéraire devrait inscrire en lettres d'or sur son pupitre. « Je vous envoie, dit Tchekov à son correspondant, l'article de Mikhaïlovski sur Tolstoï... C'est un bon article, mais c'est étrange : on pourrait écrire mille articles de ce genre et les choses ne feraient pas un pas en avant, et cela continuerait on ne comprend pas pourquoi de tels articles sont écrits.

Il faut cultiver notre jardin. Oui, mais supposons que l'on commence à se demander pourquoi ?

III
ACCIDÉ

Les cœnobites de la Thébaïde furent soumises aux assauts de nombreux démons. La plupart de ces mauvais esprits arrivaient furtivement à la tombée de la nuit. Mais il y en avait un, un démon d'une subtilité mortelle, qui n'avait pas peur de marcher de jour. Les saints hommes du désert l'appelaient le *daemon meridianus* ; car son heure préférée de visite était la chaleur du jour. Il guettait les moines fatigués de travailler dans une chaleur accablante, saisissant un moment de faiblesse pour forcer une entrée dans leur cœur. Et une fois installé là, quels ravages il a fait ! Car soudain, il semblerait à la pauvre victime que la journée était intolérablement longue et la vie désespérément vide. Il allait à la porte de sa cellule, levait les yeux vers le soleil et se demandait si un nouveau Josué l'avait arrêté à mi-hauteur du ciel. Ensuite, il retournait dans l'ombre et se demandait à quoi il faisait de bien dans cette cellule ou s'il existait un objet. Alors il regardait de nouveau le soleil et le trouvait indubitablement stationnaire, et l'heure du repas commun du soir aussi lointaine que jamais. Et il retournait à ses méditations, s'enfonçait, s'enfonçait par dégoût et par lassitude dans les profondeurs noires du désespoir et de l'incrédulité désespérée. Lorsque cela se produisit, le démon sourit et partit, conscient qu'il avait accompli une bonne matinée de travail.

Tout au long du Moyen Âge, ce démon était connu sous le nom d'Acédia ou, en anglais, Accidie. Les moines restent ses victimes préférées, mais il fait également de nombreuses conquêtes parmi les laïcs. Avec *la gastrimargia* , *la fornicatio* , *la philargyria* , *la tristitia* , *la cénodoxia* , *l'ira* et *la superbia* , *l'acedia* ou *tædium cordis* est considérée comme l'un des huit principaux vices auxquels l'homme est soumis. Les psychologues du mal, inexacts, ont l'habitude de parler de l'accidie comme s'il s'agissait d'une simple paresse. Mais la paresse n'est qu'une des nombreuses manifestations du vice subtil et compliqué de l'accidie. Le discours de Chaucer à ce sujet dans le « Parson's Tale » contient une description très précise de ce vice désastreux de l'esprit. « Accidie », nous dit-il, « fait un homme lourd, réfléchi et irritable ». Elle paralyse la volonté humaine, « elle ralentit et engourdit » l'homme chaque fois qu'il tente d'agir. De l'accidité naît la peur de commencer à accomplir de bonnes actions, et finalement l'espoir ou le désespoir. Sur son chemin vers l'ultime espoir, l'accidie produit toute une récolte de péchés mineurs, tels que l'oisiveté, le retard, la *lâchesse* , la froideur, le manque de dévotion et « le syndrome de la tristesse du monde, telle qu'est cleped *tristitia* , qui tue l'homme, comme seith seint Poule ». » Ceux qui ont péché par accidie trouvent leur demeure éternelle dans le cinquième cercle de l'Enfer. Ils sont plongés dans la même tourbière noire que les Colériques, et leurs sanglots et leurs paroles remontent à la surface :

Fitti nel limo dicon : « Tristi fummo

nell' aer dolce che dal sol s' allegra,

portando dentro accidioso fummo;

Ou ci attristiam nella belletta negra.

Quest' inno si gorgoglian nella strozza,

vous avez la possibilité de parler intégralement.

Accidie n'a pas disparu avec les monastères et le Moyen Âge. La Renaissance y fut également soumise. Nous trouvons une description abondante des symptômes de l'acédie dans *Anatomy of Melancholy de Burton* . Les résultats des machinations du démon de midi sont désormais connus sous le nom de vapeurs ou de rate. Au spleen l'aimable M. Matthew Green, de la Douane, a consacré ces huit cents octosyllabes qui sont son droit à l'immortalité. Pour lui, il s'agit d'une simple maladie qui se guérit par un régime tempéré :

Grêle! bouillie d'eau, pouvoir de guérison,

D'un accès facile aux pauvres ;

par le rire, la lecture et la compagnie de jeunes filles indifférentes :

Mères et tantes gardiennes, abstenez-vous

Tes peines impies pour former la belle,

Ni exposer autant de coûts et d'art

Mais déflorer le cœur vierge ;

en évitant les passions du parti, la boisson, les dissidents et les missionnaires, en particulier les missionnaires : aux engagements desquels M. Green a toujours refusé de souscrire :

Je me moque du spleen et je garde mon pence

De gâcher l'innocence indienne ;

en s'abstenant de recourir au droit, d'écrire de la poésie et de réfléchir à son état futur.

Le Spleen a été publié dans les années trente du XVIIIe siècle. L'accident était encore, sinon un péché, du moins une maladie. Mais un changement était proche. « Le péché de tristesse mondaine, tel qu'est cleped *tristitia* », est devenu une vertu littéraire, une mode spirituelle. Les apôtres de la mélancolie blessaient leurs cornes faibles, et les hommes sensibles pleuraient. Puis vint le XIXe siècle et le romantisme ; et avec eux le triomphe du démon méridien. L'accidie, dans sa forme la plus compliquée et la plus mortelle, mélange d'ennui, de chagrin et de désespoir, était aujourd'hui une source d'inspiration pour les plus grands poètes et romanciers, et elle le reste jusqu'à ce jour. Les romantiques appelaient cet horrible phénomène le *mal du siècle*. Mais le nom ne faisait aucune différence ; la chose était toujours la même. Le démon méridien avait de bonnes raisons d'être satisfait au XIXe siècle, car c'est alors, comme le dit Baudelaire, que

L'Ennui, fruit de la morne incuriosité,

Prit les proportions de l'immortalité.

C'est un phénomène très curieux que ce progrès de l'accidie de la position de péché mortel, méritant la damnation, à la position d'abord de maladie et enfin d'émotion essentiellement lyrique, féconde dans l'inspiration d'une grande partie des œuvres modernes les plus caractéristiques. littérature. Le sentiment de futilité universelle, les sentiments d'ennui et de désespoir, avec le désir complémentaire d'être « n'importe où, n'importe où en dehors du monde », ou du moins hors de l'endroit où l'on se trouve à ce moment-là, ont été l'inspiration de la poésie et du roman depuis un siècle et plus. Il aurait été inconcevable à l'époque de Matthew Green d'écrire un poème sérieux sur l'ennui. À l'époque de Baudelaire, l'ennui était un sujet de poésie lyrique aussi approprié que l'amour ; et accidie est toujours parmi nous comme source d'inspiration, l'un des thèmes littéraires les plus sérieux et les plus poignants. Quelle est la signification de ce fait ? Car il est clair que le progrès de l'accidie est un événement spirituel d'une importance considérable. Comment faut-il l'expliquer ?

Ce n'est pas comme si le XIXe siècle avait inventé l'accidie. L'ennui, le désespoir et le désespoir ont toujours existé et ont été ressentis de manière aussi poignante dans le passé que nous les ressentons aujourd'hui. Quelque chose s'est produit pour rendre ces émotions respectables et avouables ; ils ne sont plus des péchés et ne sont plus considérés comme de simples symptômes de maladie. Ce qui s'est passé n'est sans doute que de l'histoire ancienne depuis 1789. L'échec de la Révolution française et la chute plus spectaculaire de Napoléon ont semé l'accidie dans le cœur de chaque jeunesse de la génération romantique - et pas seulement en France, mais dans toute l'Europe - qui croyaient à la liberté ou dont l'adolescence avait été enivrée par les idées de gloire et de génie. Puis vint le progrès industriel avec sa prodigieuse multiplication de saletés, de misère et de richesses mal acquises ; la souillure de la nature par l'industrie moderne suffisait à elle seule à attrister bien des esprits sensibles. La découverte que l'affranchissement politique, pour lequel on s'est battu si longtemps et obstinément, n'était que futilité et vanité tant que la servitude industrielle restait en vigueur fut une autre des horribles désillusions du siècle.

Une cause plus subtile de la prévalence de l'ennui était la croissance disproportionnée des grandes villes. Habitués à l'existence fébrile de ces quelques centres d'activité, les hommes trouvaient la vie en dehors d'eux d'une insipide intolérable. Et en même temps, ils étaient tellement épuisés par l'agitation de la vie citadine qu'ils soupiraient après l'ennui monotone des provinces, vers les îles exotiques, voire vers d'autres mondes, n'importe quel havre de repos. Et finalement, pour couronner cette vaste structure d'échecs et de désillusions, vint l'épouvantable catastrophe de la guerre de 1914. D'autres époques ont connu des désastres, ont dû subir des désillusions ; mais jamais les désillusions ne se sont succédées avec une rapidité aussi ininterrompue qu'au XXe, pour la bonne raison qu'aucun siècle n'a connu de changements aussi rapides et aussi profonds. Le *mal du siècle* était un mal inévitable ; en effet, nous pouvons affirmer avec une certaine fierté que nous avons droit à notre accidie. Chez nous, ce n'est pas un péché ou une maladie des hypocondriaques ; c'est un état d'esprit que le destin nous a imposé.

IV
SUJET DE LA POÉSIE

Il devrait théoriquement être possible de faire de la poésie à partir de n'importe quoi dont l'esprit humain peut prendre connaissance. Nous constatons cependant, en tant que fait historique, que la plupart des meilleures poésies du monde se sont contentées d'un éventail curieusement restreint de sujets. Les poètes n'ont revendiqué comme domaine qu'une petite province de notre univers. L'un d'eux, de temps en temps, plus audacieux ou mieux équipé que les autres, entreprend d'étendre les frontières du royaume. Mais la plupart des poètes ne s'occupent pas de nouvelles conquêtes ; ils préfèrent consolider leur pouvoir chez eux, jouissant tranquillement de leurs possessions héréditaires. Le monde entier leur appartient potentiellement, mais ils ne le prennent pas. Quelle en est la raison, et pourquoi la pratique poétique n'est-elle pas conforme à la théorie critique ? Le problème revêt une actualité et une importance particulières à notre époque, où la jeune poésie revendique la liberté absolue de parler comme bon lui semble et de tout ce qui lui plaît.

Wordsworth, dont la critique littéraire, aussi sèche et rébarbative que soit son aspect, est toujours éclairée par une intelligence pénétrante, Wordsworth a abordé ce problème dans sa préface aux *Ballades Lyriques* - l'a abordé et, comme d'habitude, avait quelque chose de précieux à dire à ce sujet. il. Il parle ici des sujets les plus importants et les plus intéressants qui peuvent, théoriquement, être mis en poésie, mais qui en fait n'ont que rarement ou jamais subi la transmutation : il parle des rapports entre la poésie et la poésie. et ce vaste monde d'abstractions et d'idées – science et philosophie – dans lequel si peu de poètes ont jamais pénétré. « Les découvertes les plus lointaines du chimiste, du botaniste ou du minéralogiste seront des objets aussi propres à l'art du poète que celles sur lesquelles il est actuellement employé, si le moment vient un jour où ces choses nous seront familières, et les relations sous lequel ils sont contemplés doit être manifestement et palpablement matériel pour nous en tant qu'êtres jouissant et souffrant. C'est une phrase redoutable ; mais lisez-le bien, lisez le reste du passage dont il est tiré, et vous le trouverez plein de vérité critique.

L'essentiel de l'argumentation de Wordsworth est le suivant. Tous les sujets – « les découvertes les plus lointaines du chimiste » ne sont qu'un exemple d'un thème poétique improbable – peuvent servir au poète de matériau pour son art, à une condition : que lui, et dans une moindre mesure son public, soient capables de appréhender le sujet avec une certaine émotion. Le sujet doit d'une manière ou d'une autre être impliqué dans l'être intime du poète avant que celui-ci puisse en faire de la poésie. Il ne suffit pas, par exemple, qu'il l'appréhende uniquement par ses sens. (La poésie de la sensation pure, des sons et des couleurs vives, est assez courante de nos jours ; mais si amusante que nous puissions la trouver pour le moment, elle ne peut pas retenir longtemps l'intérêt.) Ce n'est pas suffisant, à l'autre bout de l'échelle. , s'il appréhende son sujet de manière purement intellectuelle. Une idée abstraite doit être ressentie avec une sorte de passion, elle doit signifier quelque chose de significatif sur le plan émotionnel, elle doit être aussi immédiate et importante pour le poète qu'une relation personnelle avant qu'il puisse en faire de la poésie. La poésie, en un mot, doit être écrite par des « êtres qui jouissent et souffrent », et non par des êtres exclusivement dotés de sensations ou, comme exclusivement, d'intellect.

La critique de Wordsworth nous aide à comprendre pourquoi si peu de sujets ont jamais été transformés en poésie alors que tout sous le soleil, et au-delà, est théoriquement apte à être transmuté en œuvre d'art. Mort, amour, religion, nature ; les émotions primaires et les mystères personnels ultimes – ceux-ci constituent le sujet de la plupart des plus grandes poésies. Et pour des raisons évidentes. Ces choses sont « manifestement et palpablement matérielles pour nous, en tant qu'êtres qui jouissent et qui souffrent ». Mais pour la plupart des hommes, y compris la plupart des poètes, les abstractions et les idées ne touchent pas immédiatement et passionnément. Ils n'apprécient ni ne souffrent lorsqu'ils appréhendent ces choses – ils réfléchissent seulement.

Les hommes qui se passionnent pour les abstractions, les hommes pour qui les idées sont des personnes – émouvantes et d'une vie inquiétante – sont très rarement des poètes. Ce sont des hommes de science et des philosophes, préoccupés par la recherche de la vérité et non, comme le poète, par l'expression et la création de la beauté. Il est très rare de trouver un poète qui allie la puissance et le désir de s'exprimer avec cette appréhension passionnée des idées et cette curiosité passionnée des faits étranges et lointains qui caractérisent l'homme de science et le philosophe. S'il possédait le sens du langage requis et le désir impérieux de s'exprimer en termes de beauté, Einstein pourrait écrire les paroles les plus enivrantes sur la relativité et les plaisirs des mathématiques pures. Et si, disons, M. Yeats comprenait la théorie d'Einstein – ce qu'il ne comprend probablement pas, pas plus que nous, comme la plupart des autres poètes vivants – s'il l'appréhendait avec exaltation comme quelque chose d'audacieux et de profond, quelque chose d'une importance vitale. et merveilleusement vrai, lui aussi pourrait nous livrer, hors du crépuscule celtique, ses paroles de relativité. Ce sont ces petits « si » angoissants qui font obstacle à cette heureuse consommation. Les conditions dans lesquelles des sujets autres que les sujets les plus immédiats et les plus évidemment émouvants peuvent être transformés en poésie sont si rarement remplies, la combinaison du poète et de l'homme de science, du poète et du philosophe est si rare, que l'universalité théorique de l'art n'a que très peu d'importance. parfois été réalisé dans la pratique.

Dans tout le monde occidental, la poésie contemporaine insiste haut et fort, par la bouche de ses propagandistes, sur la liberté absolue de parler de ce qu'elle aime, comme elle l'aime. Rien ne pourrait être mieux ; tout ce que nous pouvons demander maintenant, c'est que les poètes mettent la théorie en pratique et qu'ils usent de la liberté qu'ils réclament en élargissant les limites de la poésie.

Les propagandistes voudraient nous faire croire que le sujet de la poésie contemporaine est nouveau et surprenant, que les poètes modernes font quelque chose qui n'a jamais été fait auparavant. « La plupart des poètes représentés dans ces pages », écrit M. Louis Untermeyer dans son *Anthology of Modern American Poetry* , « ont trouvé un matériau frais et vigoureux dans un monde de réalité honnête et souvent dure. Ils répondent à l'esprit de leur temps ; non seulement leurs points de vue ont changé, mais leur vision s'est élargie pour inclure des choses inconnues des poètes d'hier. Ils ont appris à distinguer la vraie beauté de la simple joliesse, à extraire la beauté de la misère, à s'émerveiller dans les endroits négligés, à rechercher des vérités cachées même dans les grottes sombres de l'inconscient. Traduit en pratique, cela signifie que les poètes contemporains peuvent désormais écrire, selon les mots de M. Sandburg, sur le « harr et le boum des explosions », des « wops et bohunks ». Cela signifie, en fait, qu'ils sont libres de faire ce qu'Homère a fait : écrire librement sur les faits immédiatement marquants de la vie quotidienne. Là où Homère parlait des chevaux et de leurs dompteurs, nos contemporains parlent des trains, des automobiles et des diverses espèces de wops et de bohunks qui contrôlent la puissance. C'est tout. On a beaucoup trop insisté sur la nouveauté de la poésie nouvelle ; sa nouveauté est simplement un retour de la beauté des bijoux des années 1890 aux faits et aux sentiments de la vie ordinaire. Il n'y a rien de intrinsèquement nouveau ou surprenant dans l'introduction dans la poésie de la machinerie et de l'industrialisme, de l'agitation sociale et de la psychologie moderne : ces choses nous appartiennent, elles nous affectent quotidiennement en tant qu'êtres jouissants et souffrant ; ils font partie de notre vie, tout comme les rois, les guerriers, les chevaux et les chars, la mythologie pittoresque faisaient partie de la vie d'Homère. Le sujet de la poésie nouvelle reste le même que celui de l'ancienne. Les anciennes limites n'ont pas été étendues. Il y aurait une réelle nouveauté dans la nouvelle poésie si, par exemple, elle avait adopté certaines des idées nouvelles et des faits étonnants dont la nouvelle science a doté le monde moderne. Il y aurait une réelle nouveauté s'il avait mis au point une méthode artistique satisfaisante pour traiter les abstractions. Il n'a pas. Cela signifie simplement que ce phénomène rare, celui du poète dans l'esprit duquel les idées sont une passion et un moteur personnel, n'est pas apparu par hasard.

Et comme il est rarement apparu dans tout le passé ! Il y avait Lucrèce, le plus grand de tous les poètes philosophiques et scientifiques. Chez lui, la compréhension passionnée des idées, le désir et la capacité de leur donner une expression, se sont combinés pour produire cette étrange et belle épopée de la pensée qui n'a pas d'équivalent dans toute l'histoire de la littérature. Il y avait Dante, dans l'âme duquel la philosophie chrétienne médiévale était une force qui façonnait et dirigeait chaque sentiment, pensée et action. Il y avait Goethe, qui a concentré dans la belle expression une énorme diffusion de connaissances et d'idées. Et là s'arrête la liste des grands poètes de la pensée. Dans leur tâche consistant à repousser les frontières de la poésie dans le monde lointain et abstrait des idées, ils ont eu quelques assistants de moindre envergure : Donne, par exemple, poète à peine moins que les plus grands ; Fulke Greville, cet étrange élisabéthain à l'esprit sombre ; John Davidson, qui a fait du darwinisme une sorte de poésie ; et, l'interprète poétique le plus intéressant de la science du XIXe siècle, Jules Laforgue.

Lequel de nos contemporains peut prétendre avoir repoussé matériellement les limites de la poésie ? Il ne suffit pas d'avoir écrit sur les locomotives et les téléphones, les « wops et bohunks », et tout le reste. Cela n'étend pas le champ de la poésie ; elle affirme simplement son droit de s'occuper des faits immédiats de la vie contemporaine, comme l'ont fait Homère et Chaucer. Les critiques qui voudraient nous faire croire qu'il y a quelque chose d'essentiellement antipoétique chez un bohémien (quel qu'il soit), et quelque chose d'essentiellement poétique chez Sir Lancelot du Lac, sont, bien sûr, tout simplement négligeables ; ils peuvent être rejetés avec autant de mépris que nous avons rejeté les critiques pseudo-classiques qui s'opposaient aux libertés du renouveau romantique. Et les critiques qui trouvent très nouveau et magnifique d'introduire des bohèmes dans la poésie sont également démodés dans leurs idées.

Il ne sera pas inutile de comparer la situation littéraire de ce début du XXe siècle avec celle du début du XVIIe siècle. Aux deux époques, nous assistons à une réaction contre une tradition poétique riche et quelque peu formalisée qui s'exprime dans une détermination à élargir la gamme des sujets, à revenir à la vie réelle et à utiliser des formes d'expression plus naturelles. La différence entre les deux époques réside dans le fait que la révolution du XXe siècle a été le produit d'un certain nombre de poètes mineurs, dont aucun n'est assez puissant pour réaliser ce qu'il envisageait théoriquement de faire, tandis que la révolution du XVIIe siècle a été le œuvre d'un seul poète de génie, John Donne. Donne a substitué au riche formalisme de la poésie élisabéthaine non dramatique un nouveau style complètement réalisé, le style de la poésie dite métaphysique du XVIIe siècle. C'était un poète-philosophehomme d'action dont la curiosité passionnée pour les faits lui permettait de faire de la poésie à partir des aspects les plus improbables de la vie matérielle, et dont l'appréhension passionnée des idées lui permettait d'étendre les limites de la poésie au-delà des frontières de l'humanité. la vie commune et ses émotions dans le vide de l'abstraction intellectuelle. Il a mis toute la vie et tout l'esprit de son époque dans la poésie.

Nous sommes aujourd'hui des métaphysiques sans notre Donne. Théoriquement, nous sommes libres de faire de la poésie de tout ce qui existe dans l'univers ; en pratique, nous sommes maintenus dans les anciennes limites, pour la simple raison qu'aucun grand homme n'est apparu pour nous montrer comment nous pouvons utiliser notre liberté. Une partie de la vie du XXe siècle se retrouve dans notre poésie, mais très peu de son esprit. Nous n'avons pas de poète aujourd'hui comme cet étrange vieux doyen de Saint-Paul il y a trois cents ans - pas de poète qui puisse passer des hauteurs de la philosophie scolastique aux hauteurs de la passion charnelle, de la contemplation de la divinité à la contemplation d'une puce. , de l'examen de soi captivé à une énumération des faits extérieurs les plus éloignés de la science, et fait de tout, par son appréhension étrangement passionnée, une poésie intensément lyrique.

Les rares poètes qui tentent de faire des idées contemporaines la substance de leur poésie le font d'une manière qui n'apporte que peu de conviction ou de satisfaction au lecteur. Il y a M. Noyes, qui écrit quatre volumes de vers sur le côté humain de la science – dans son cas, hélas, trop humain. Ensuite, il y a M. Conrad Aiken. Il est peut-être l'interprète le plus réussi en poésie des idées contemporaines. Dans son cas, il est clair que « les découvertes les plus lointaines du chimiste » sont appréhendées avec une certaine passion ; toutes ses émotions sont teintées de ses idées. Le problème avec M. Aiken est que ses émotions ont tendance à dégénérer en une sorte de sentimentalité intellectuelle, qui ne s'exprime que trop facilement dans ses vers prodigieusement fluides et très colorés.

On pourrait allonger la liste des poètes plus ou moins intéressants qui ont tenté ces derniers temps d'élargir les frontières de leur art. Mais on ne trouverait pas parmi eux un seul poète d'une réelle importance, pas une seule personnalité grande ou marquante. Le XXe siècle attend encore son Lucrèce, son propre Dante philosophique, son nouveau Goethe, son Donne, voire son Laforgue actuel. Vont-ils apparaître ? Ou allons-nous continuer à produire une poésie dans laquelle il n'y a que le plus vague reflet de cette vie intellectuelle active et incessante qui est la marque caractéristique et distinctive de notre époque ?

V
MUSIQUE DE L'EAU

La maison dans laquelle je vis est hantée par le bruit de l'eau qui coule. Toujours, jour et nuit, été comme hiver, quelque chose dégouline quelque part. Pendant plusieurs mois, une citerne inquiète entretenait dans son sein de fer un long monologue aux tons creux. Maintenant, c'est muet ; mais un nouveau goutte-à-goutte, plus redoutable, a vu le jour. Du haut même de la maison, un petit bec, — débordement sans doute de quelque récipient inconnu sous le toit — laisse tomber une succession de gouttes qui est presque un ruisseau continu. Il tombe, presque comme un ruisseau, sur une distance de quarante ou cinquante pieds jusqu'aux pierres des marches du sous-sol, de là pour s'écouler ignominieusement dans un drain désigné. Les cataractes sonnent de la trompette du haut des pentes ; mais mes moindres cascades jouent une musique plus subtile, j'avais presque dit une musique plus « moderne ». Éveillé la nuit, j'écoute avec un mélange de plaisir et d'irritation ses curieuses cadences.

La tessiture musicale d'un robinet qui goutte est d'environ une demi-octave. Mais dans les limites de cette quarte majeure, les drops peuvent jouer les mélodies les plus surprenantes et les plus variées. Vous les entendrez grimper laborieusement de petits degrés de son, pour ensuite descendre d'un seul bond vers le bas. Le plus souvent, ils errent de manière inexplicable à des intervalles variables, familiers ou étrangement déconcertants. Et avec la hauteur variable, le temps varie également, mais dans des limites plus étroites. Car les lois de l'hydrostatique, ou toute autre science prétendant faire autorité sur les gouttes, ne permettent pas aux dribbles de s'arrêter ou d'accélérer le rythme de leur chute. C'est une sorte de musique étrange. On l'écoute allongé dans son lit, s'endormant peu à peu, avec une émotion curieuse et inquiète. Goutte à goutte, goutte à goutte, drap, goutte à goutte. Ainsi continue cette mélodie aqueuse, pour toujours et sans fin. Peu concluant, sans conséquence, sans forme, il est toujours sur le point de dévier vers le sens et la forme. De temps en temps, vous entendrez une phrase complète à la mélodie ronde. Et puis – goutte à goutte, di-drep, di-drap – la vieille inconséquence réapparaît. Mais supposons qu'il y ait une certaine signification là-dedans ! C'est cela qui trouble mon esprit somnolent lorsque j'écoute la nuit. Peut-être que pour ceux qui ont des oreilles pour entendre, ce dribble sans fin est aussi riche de pensée et d'émotion, aussi significatif qu'un morceau de Bach. Goutte à goutte, di-drap, di-drep. Il suffirait donc de peu pour donner du sens à cette incohérence. La musique des gouttes est le symbole et le type de l'univers tout entier ; il est pour toujours, pour ainsi dire, asymptotique au sens, infiniment proche de la signification, mais sans jamais la toucher. Jamais, à moins que l'esprit humain ne vienne le tirer avec force sur l'espace qui le divise. Si je pouvais comprendre cette musique errante, si je pouvais y déceler une séquence, si je pouvais la forcer à une conclusion - le diapason se terminant en plein Dieu, dans l'esprit, peu m'importe quoi, pourvu qu'il se termine en quelque chose de défini - alors, je pense que je devrais comprendre toute la machine incompréhensible, depuis les écarts entre les étoiles jusqu'à la politique des Alliés. Et de plus en plus somnolent, j'écoute la mélodie incessante, le monologue creux dans la citerne, le claquement métallique aigu des gouttes qui tombent du toit sur les pierres en bas ; et sûrement je commence à découvrir un sens, sûrement je décèle une trace de pensée, sûrement les phrases se succèdent avec art, conduisant inévitablement à quelque conclusion prodigieuse. Je l'ai presque, presque, presque... Alors, je suppose, je m'endors définitivement. Car la prochaine chose dont je me rends compte, c'est que la lumière du soleil entre à flots. C'est le matin et l'eau coule toujours de manière aussi irritante et persistante que jamais.

Parfois, l'incohérence de la musique drop est trop lourde à supporter. L'auditeur insiste sur le fait que l'asymptote doit d'une manière ou d'une autre toucher la ligne du sens. Il force les gouttes à dire quelque chose. Il leur demande de jouer, disons, « God Save the King », ou l'Hymne à la joie de la Neuvième Symphonie, ou *Voi che Sapete*. Les gouttes obéissent à contrecœur ; ils jouent ce que vous désirez, mais avec plus que l'ineptie de l'enfant au piano. Pourtant, ils y jouent d'une manière ou d'une autre. Mais c'est une méthode extrêmement dangereuse pour éloigner le fantôme obsédant dont la voix est une goutte d'eau. Car une fois que vous avez donné aux gouttes quelque chose à chanter ou à dire, elles continueront à chanter et à le dire pour toujours. Le sommeil devient impossible, et à la deux ou trois centième répétition de *Madelon* ou même d'un air de *Figaro*, l'esprit commence à chanceler vers la folie.

Les gouttes, les tic-tacs, les machines, tout ce qui palpite, clique, bourdonne ou martèle, peuvent être amenés, avec un peu de persévérance, à dire quelque chose. Dans mon enfance, je me souviens, on m'a dit que les trains disaient : « Au Lancashire, au Lancashire, chercher un mouchoir de poche » – et *da capo* à l'infini. Ils peuvent également répéter, s'ils le souhaitent, cette information utile : « Pour arrêter le train, tirez sur la chaîne ». Mais il est très difficile de les persuader d'ajouter le corollaire menaçant : « Pénalité de cinq livres pour usage abusif ». Pourtant, grâce à un encadrement attentif, j'ai réussi à apprendre à un train à répéter même cette phrase arythmique.

La littérature dadaïste me rappelle toujours un peu mes gouttes qui tombent. Face à cela, j'éprouve la même émotion inconfortable que celle engendrée en moi par la musique sans conséquence de l'eau. Supposons, après tout, que cette séquence de mots apparemment accidentelle contienne le secret de l'art, de la vie et de l'univers ! Cela pourrait; qui sait? Et me voilà, abandonné dans le froid de l'incompréhension totale ; et je me penche sur cette littérature et la regarde à l'envers dans l'espoir de découvrir ce secret. Mais d'une manière ou d'une autre, je n'arrive pas à donner aux mots un sens quelconque. Goutte à goutte, di-drap, di-drep, Tzara et Picabia laissent tomber leurs mots et je suis déconcerté. Mais je vois qu'il y a de grandes possibilités dans ce type de littérature. Pour le journaliste fatigué, c'est l'idéal, puisque ce n'est pas lui, mais le lecteur qui doit faire tout le travail. Tout ce qu'il a à faire, c'est de s'adosser à son siège et de laisser les mots s'écouler par le bec de son stylo plume. Goutte-à-goutte....

VI
LES PLAISIRS

Depuis 1914, nous avons beaucoup entendu parler de ce qui constitue une menace pour la civilisation. Ce fut d'abord le militarisme prussien ; puis les Allemands en général ; puis la prolongation de la guerre ; puis le raccourcissement de celui-ci ; puis, après un certain temps, le traité de Versailles ; puis le militarisme français – avec, pendant tout ce temps, un accompagnement constant de menaces aussi mineures que la Prohibition, Lord Northcliffe, M. Bryan, Comstockery...

La civilisation, cependant, a merveilleusement bien résisté aux attaques combinées de ces ennemis. Car encore, en 1923, la situation n'est pas très éloignée de ce qu'elle était dans cet « âge géant d'avant le déluge » de neuf ans plus tard. Où en était-on exactement par rapport à Néandertal d'une part et à Athènes d'autre part, *c'est* une question à laquelle chacun peut répondre selon ses goûts. Le fait important est que ces menaces contre notre civilisation, telle qu'elle est – menaces incluant la plus grande guerre et la paix la plus stupide connue de l'histoire – se sont limitées dans la plupart des endroits et jusqu'à présent à de simples menaces, aboyant plus furieusement qu'elles ne mordent.

Non, les dangers auxquels notre civilisation est confrontée ne sont pas tant les dangers extérieurs : les hommes sauvages, les guerres et la faillite qu'elles entraînent. Les dangers les plus alarmants sont ceux qui la menacent de l'intérieur, qui menacent l'esprit plutôt que le corps et les biens de l'homme contemporain.

De tous les divers poisons que la civilisation moderne, par un processus d'auto-intoxication, prépare tranquillement dans ses propres entrailles, peu, me semble-t-il, sont plus mortels (bien qu'aucun ne paraisse plus inoffensif) que cette chose curieuse et épouvantable qu'est techniquement connu sous le nom de « plaisir ». « Plaisir » (je place le mot entre guillemets pour montrer que je parle non pas du plaisir réel, mais des activités organisées officiellement connues sous le même nom) « plaisir » – quelles visions cauchemardesques ce mot évoque ! Comme tout homme de bon sens et de bon sens, j'abomine le travail. Mais je préférerais passer huit heures par jour dans un bureau du gouvernement plutôt que d'être condamné à mener une vie de « plaisir » ; Je préférerais même, je crois, écrire un million de mots de journalisme par an.

Les horreurs du « plaisir » moderne proviennent du fait que toute sorte de distraction organisée tend à devenir progressivement de plus en plus imbécile. Il fut un temps où les gens se livraient à des distractions exigeant un certain effort intellectuel. Au XVIIe siècle, par exemple, les personnages royaux et leurs courtisans prenaient un réel plaisir à écouter des sermons d'érudits (ceux du Dr Donne, par exemple) et des disputes académiques sur des points de théologie ou de métaphysique. Une partie du divertissement offert au prince palatin, à l'occasion de son mariage avec la fille de Jacques Ier, était une argumentation syllogistique, sur je ne sais quel thème philosophique, entre l'aimable Lord Keeper Williams et une troupe de logiciens mineurs de Cambridge. Imaginez les sentiments d'un prince contemporain, si une université fidèle lui offrait un divertissement similaire !

Les personnages royaux n'étaient pas les seuls à jouir de plaisirs intelligents. À l'époque élisabéthaine, on pouvait compter sur chaque dame et monsieur de culture ordinaire, sur demande, pour prendre sa part dans un madrigal ou un motet. Ceux qui connaissent l'énorme complexité et la subtilité de la musique du XVIe siècle comprendront ce que cela signifie. Pour s'adonner à leur passe-temps favori, nos ancêtres devaient exercer leur esprit à un degré inhabituel. Même le vulgaire inculte se réjouissait des plaisirs exigeant l'exercice d'une certaine intelligence, individualité et initiative personnelle. Ils écoutaient, par exemple, *Othello*, *le roi Lear* et *Hamlet* – apparemment avec plaisir et compréhension. Ils chantaient et faisaient beaucoup de musique. Et au loin, dans les campagnes reculées, les paysans accomplissaient année après année les rites traditionnels – les danses du printemps et de l'été, les momies d'hiver, les cérémonies de récolte à la maison – adaptés à chaque saison successive. Leurs plaisirs étaient intelligents et vivants, et c'étaient eux qui, par leurs propres efforts, se divertissaient.

Nous avons changé tout cela. À la place des vieux plaisirs exigeant intelligence et initiative personnelle, nous avons de vastes organisations qui nous fournissent des distractions toutes faites – des distractions qui n'exigent de la part des amateurs de plaisir aucune participation personnelle ni aucun effort intellectuel d'aucune sorte. Aux interminables démocraties du monde, un million de cinémas apportent les mêmes balivernes fades. Il y a toujours eu des écrivains et des dramaturges de quatrième ordre ; mais leurs œuvres, dans le passé, mouraient rapidement sans dépasser les limites de la ville ou du pays dans lequel elles apparaissaient. Aujourd'hui, les inventions du cinéaste partent de Los Angeles à travers le monde entier. D'innombrables publics se baignent passivement dans le bain tiède de l'absurdité. Aucun effort mental ne leur est demandé, aucune participation ; il leur suffit de s'asseoir et de garder les yeux ouverts.

Les démocraties veulent-elles de la musique ? Autrefois, ils le faisaient eux-mêmes. Maintenant, ils allument simplement le gramophone. Ou s'ils sont un peu plus à jour, ils règlent leur téléphone sans fil sur la bonne longueur d'onde et écoutent le contralto fruité de Marconi House, chantant « The Gleaner's Slumber Song ».

Et s'ils veulent de la littérature, il y a la presse. Théoriquement, il est vrai, la presse existe pour diffuser des informations. Mais sa véritable fonction est de fournir, comme le cinéma, une distraction qui occupe l'esprit sans lui demander le moindre effort ni la fatigue d'une seule pensée. Cette fonction, il faut l'avouer, elle la remplit avec un succès extraordinaire. Il est possible de continuer pendant des années et des années à lire deux journaux par jour ouvrable et un le dimanche sans jamais être appelé à réfléchir ou à faire un autre effort que de parcourir les yeux, sans être très attentifs, le long de la colonne imprimée.

Certaines couches de la communauté pratiquent encore des sports athlétiques dans lesquels la participation individuelle est exigée. Un grand nombre de classes moyennes et supérieures jouent au golf et au tennis en personne et, s'ils sont suffisamment riches, tirent sur les oiseaux, poursuivent le renard et font du ski dans les Alpes. Mais la grande masse de la communauté s'est désormais mise au sport par procuration, préférant regarder le football aux fatigues et aux dangers du match lui-même. Toutes les classes, il est vrai, dansent encore ; mais dansez, partout dans le monde, les mêmes pas sur les mêmes airs. La danse a été scrupuleusement stérilisée de toute individualité locale ou personnelle.

Ces plaisirs faciles, ces distractions toutes faites qui sont les mêmes pour tous dans tout le monde occidental, constituent sûrement une menace plus grave pour notre civilisation que ne l'a jamais été les Allemands. Les heures de travail de la journée sont déjà, pour la grande majorité des êtres humains, occupées à l'exécution de tâches purement mécaniques dans lesquelles aucun effort mental, aucune individualité, aucune initiative n'est requise. Et maintenant, pendant nos heures de loisir, nous nous tournons vers des distractions aussi mécaniquement stéréotypées et exigeant aussi peu d'intelligence et d'initiative que notre travail. Ajoutez de tels loisirs à un tel travail et vous obtenez une journée parfaite dont c'est un soulagement béni de terminer.

Auto-empoisonnée de cette façon, la civilisation semble pouvoir facilement sombrer dans une sorte de sénilité prématurée. Avec un esprit presque atrophié par le manque d'usage, incapable de se divertir et devenu si lassément indifférent aux distractions toutes faites offertes de l'extérieur que seuls les stimulants les plus grossiers d'une violence et d'une crudité toujours croissantes peuvent l'ébranler, la démocratie du l'avenir sera malade d'un ennui chronique et mortel. Cela se passera peut-être comme les Romains : les Romains qui en sont venus à perdre, précisément comme nous le faisons maintenant, la capacité de se distraire ; les Romains qui, comme nous, vivaient de divertissements tout faits auxquels ils ne participaient pas. Leur ennui mortel exigeait toujours plus de gladiateurs, plus d'éléphants funambules, plus d'animaux rares et farfelus à abattre. Le nôtre n'en exigerait pas moins ; mais en raison de l'existence de quelques idéalistes, elle n'obtient pas tout ce qu'elle demande. Les formes de divertissement les plus violentes ne peuvent être obtenues que de manière illicite ; pour satisfaire votre goût du massacre et de la cruauté, vous devez devenir membre du Ku Klux Klan. Ne désespérons pas cependant ; nous vivrons peut-être encore assez longtemps pour voir le sang couler sur la scène de l'Hippodrome. La force d'un ennui qui réclame d'être soulagé pourrait encore s'avérer trop forte pour les idéalistes.

VII
POÉSIE POPULAIRE MODERNE

À tous ceux qui s'intéressent au « folk » et à leur poésie – les gens contemporains des grandes villes et leur muse urbaine – je recommanderais une revue peu connue appelée *McGlennon's Pantomime Annual*. Ce périodique paraît au cours de la nouvelle année, lorsque les pantos dépérissent lentement sous l'influence de l'approche du printemps. Je profite de cette occasion pour avertir mes lecteurs de garder un œil attentif sur la sortie du prochain numéro ; il vaut certainement les modestes deux pence qu'on demande de payer pour cela.

McGlennon's Pantomime Annual est une anthologie des paroles des chansons les plus populaires de la saison panto. Il s'agit d'un document de première importance. Pour le futur étudiant de notre littérature populaire, *McGlennon* sera aussi précieux que la collection Christie-Miller de journaux élisabéthains. En 2220, un exemplaire du *Pantomime Annual* pourrait très probablement se vendre pour des centaines de livres chez Sotheby's de l'époque. Avec une prévoyance louable, je préserve mon exemplaire du *McGlennon de l'année dernière* pour l'enrichissement de ma lointaine postérité.

La poésie populaire de 1920 peut être mieux classée selon le sujet. Premièrement, en raison de ses tendres associations ainsi que de sa simple quantité, est la poésie de la Passion. Ensuite, il y a la Poésie de la dévotion filiale. Ensuite, la poésie du foyer – la chère vieille demeure terrestre de l'Oregon ou du Kentucky – et, en complément, la poésie du foyer spirituel dans d'autres mondes plus heureux. Ici, ainsi que dans la section suivante, les paroles populaires empruntent certains de leurs meilleurs effets à l'hymnologie. Viennent ensuite la Poésie du souvenir et du regret, et la Poésie de la nationalité, type consacré presque exclusivement aux louanges de l'Irlande. Ces types et leurs variations couvrent la poésie sérieuse du Folk. Leur veine comique est moins sensible à l'analyse. Boisson, épouses, jeunes fous, couples en lune de miel : voici quelques-uns des sujets courants.

La poésie amoureuse du peuple, comme les paroles d'amour des poètes plus cultivés, se divise en deux espèces : la poésie de l'amour spirituel et l'expression plus directe et concrète du désir immédiat. *McGlennon* fournit de nombreux exemples des deux types :

Quand l'amour apparaît à la fenêtre de ton cœur

[cela pourrait être le premier vers d'un sonnet de Shakespeare]

Tu as l'air de marcher dans les airs,

Les oiseaux te chantent leurs douces chansons,

Pas de nuage dans ton ciel bleu,

Soleil toute la bonne journée, etc.

Ces rhapsodies ont tendance à devenir un peu fastidieuses. Mais on sent la chaleur de la réalité dans

Je veux me blottir, je veux me blottir,

Je connais un endroit confortable pour deux.

Je veux me blottir, je veux me blottir,

Je veux sentir que l'amour est vrai.

Prends-moi dans tes bras comme le font les amoureux.

Serre-moi très fort et embrasse-moi aussi.

Je veux me blottir, je veux me blottir,

Je veux me blottir près de toi.

C'est sain ; mais cela n'atteint pas le meilleur des paroles populaires. La passion angoissante exprimée dans les paroles et la musique de « You Made Me Love You » est quelque chose qu'on n'oublie pas facilement, même si cette grande chanson est aussi vieille que les origines désormais lointaines du ragtime.

La poésie de la dévotion filiale est presque aussi étendue que la poésie de l'amour. *McGlennon* regorge d'explosions telles que celle-ci :

Tu es une mère merveilleuse, ma chère vieille mère.

Tu occuperas une place au plus profond de mon cœur

Jusqu'à ce que les étoiles ne brillent plus.

Ton âme vivra pour toujours,

À travers les champs du temps,

Car il n'y en aura jamais d'autre pour moi

Comme ma merveilleuse mère.

Même grand-mère reçoit une part de cette dévotion :

Mamie, la mienne, il me semble t'entendre m'appeler ;

Mamie, la mienne, tu es mon plus doux souvenir...

Si au ciel les anges règnent en maître,

Parmi les anges, tu dois être la reine.

Mamie, la mienne, tu me manques de plus en plus.

Les dernières lignes sont particulièrement riches. Quelle hérésie fascinante que de prétendre que les anges règnent sur leur Créateur !

La Poésie du souvenir et du regret doit le plus, tant en paroles qu'en musique, à l'hymne. *McGlennon* fournit un exemple de choix dans « Back from the Land of Yesterday » :

De retour du pays d'hier,

Retour aux amis d'autrefois ;

Retour sur le chemin sombre et morne

Dans la lumière une fois de plus.

Retour au cœur qui m'attend,

Réchauffé par le soleil au-dessus ;

De retour du vieux pays des rêves d'hier

Vers une nouvelle terre de vie et d'amour.

Ce que cela signifie, Dieu seul le sait. Mais on peut imaginer que, immergé dans une musique lente à trois temps – une riche valse religieuse – ce serait extrêmement édifiant et édifiant. Le déclin de la fréquentation régulière de l'église a inévitablement conduit à cette invasion du music-hall par l'hymne. Les gens veulent toujours ressentir cette bonne émotion édifiante, et ils la ressentent avec acuité lorsqu'ils écoutent des chansons sur

le pays du recommencement,

Où le ciel est toujours bleu...

Où les rêves brisés deviennent réalité.

Le grand avantage du music-hall par rapport à l'église est que les moments exaltants ne durent pas trop longtemps.

Enfin, il y a le grand motif Home. "Je veux être", commencent toujours ces paroles, "Je veux être presque partout où ce n'est pas l'endroit où je me trouve en ce moment." M. Louis Estève a appelé cette nostalgie « Le Mal de la

Province », qui à son tour est étroitement liée au « Mal de l'au-delà ». C'est l'un des pires symptômes du romantisme.

Steamer, balançant ta mature,

Lève l'ancre vers une nature exotique,

s'exclame Mallarmé , et le Peuple, que le plus exquis des poètes détestait et méprisait, fait écho à ses paroles dans cent tons différents. Il n'y a aucun État en Amérique où ils ne veulent pas aller. Chez *McGlennon,* nous trouvons des aspirations exprimées pour la Californie, l'Ohio, le Tennessee, la Virginie et la Géorgie. Certains soupirent vers l'Irlande, le Devon et l'Est. "Egypte! Je t'appelle; oh, la vie est douce et les joies complètes quand à tes pieds je m'étends [*sic*]. Mais les États du Sud, de l'Est, du Devon et de Killarney ne suffisent pas. Le Mal de l'au-delà succède au Mal de la Province. Les Folk aspirent à des mondes extra-mondains. Voici, par exemple, une expression de nostalgie pour un « Royaume mystique dans vos yeux » :

Quelque part dans les yeux de quelqu'un

C'est un endroit tout simplement divin,

Délimité par des roses qui embrassent la rosée

Dans ces chers yeux qui brillent.

Quelque part au-delà des rêves terrestres,

Où la fleur de l'amour ne meurt jamais,

Dieu a créé le monde et il me l'a donné

Dans ce royaume à tes yeux.

S'il y a une caractéristique qui distingue la poésie populaire contemporaine de la poésie populaire d'autrefois, c'est bien son manque de sens. La vieille poésie populaire est singulièrement directe et précise, pleine de sens, jamais vague. La poésie populaire moderne, comme en témoigne *McGlennon* , est presque parfaitement insensée. Le paysan ou le mécanicien élisabéthain n'aurait jamais consenti à chanter ou à écouter quelque chose d'aussi vide de sens que « De retour du pays d'hier » ou « Le Royaume dans vos yeux ». Son goût était pour quelque chose de clair, précis et lourd, comme « Greensleeves » :

Et chaque matin quand tu te levais,

Je t'ai apporté des friandises en ordre,

Pour débarrasser votre estomac de tous les malheurs,

Et pourtant tu ne m'aimerais pas.

Y a-t-il quelque chose de plus logique et plus pertinent ? Mais au lieu de la logique, au lieu de la clarté, nos animateurs professionnels nous offrent l' imbécillité rauque de « Mamie, ma propre ». Se peut-il que le niveau d'intelligence soit inférieur aujourd'hui à ce qu'il était il y a trois cents ans ? Les journaux, les cinémas et maintenant le téléphone sans fil ont-ils conspiré pour priver l'humanité du sens de la réalité, du pouvoir de questionnement et de critique individuel qu'il possédait autrefois ? Je n'ose pas répondre. Mais le fait de *McGlennon* doit d'une manière ou d'une autre être expliqué. Comment? Je préfère laisser le problème sur une note d'interrogation.

VIII
BIBLIOPHILIE

La bibliophilie est en plein essor. C'est une constatation que je fais avec regret ; car le point de vue du bibliophile est, du moins pour moi, antipathique et ses normes de valeurs peu fondées. Chez les Français, la bibliophilie semble être devenue une sorte de manie, et qui plus est, une manie très organisée et exploitée à fond. Chaque fois que je reçois un nouveau livre français, je me tourne immédiatement — car dans ce qui dégoûte et irrite il y a toujours une certaine fascination odieuse — vers la feuille de garde. On avait toujours eu l'habitude d'y trouver une brève description des « vingt exemplaires sur papier hollande Van Gelder » ; personne ne s'opposait au modeste vieux Hollandais dont le journal donnait aux exemplaires de présentation de l'auteur une si belle apparence. Mais Van Gelder est désormais un numéro arrière. Dans cette troisième décennie du vingtième siècle, il est devenu tout à fait trop simple et peu sophistiqué. Sur la page de garde d'une *dernière nouveauté* , je trouve l'incantation suivante, imprimée en majuscules et occupant au moins vingt lignes :

Il a été tiré de cet ouvrage, après impositions spéciales, 133 exemplaires in-4. Tellière sur papier-vergé pur-fil Lafuma-Navarre, au filigrane de la *Nouvelle Revue Française* , dont 18 exemplaires hors commerce, marqués de A à R, 100 exemplaires réservés aux Bibliophiles de la *Nouvelle Revue Française* , numérotés de I à C, 15 exemplaires numérotés de CI à CXV; 1040 exemplaires sur papier vélin pur-fil Lafuma-Navarre, dont dix exemplaires hors commerce marqués de a à j, 800 exemplaires réservés aux amis de l'Edition originale, numérotés de 1 à 800, 30 exemplaires d'auteur, hors commerce, numérotés de 801 à 830 et 200 exemplaires numérotés de 831 à 1030, ce tirage constituant proprement et authentiquement l'Edition originale.

Si j'étais l'un des cent bibliophiles de la *Nouvelle Revue Française* ou même l'un des huit cents amis de l'édition originale, je suggérerais, avec la plus grande politesse, que les éditeurs mériteraient peut-être mieux de la part de leurs semblables s'ils dépensaient moins peine à numéroter la première édition et surtout à veiller à ce qu'elle soit correctement produite. Personnellement, je suis l'ami de toute édition raisonnablement bien imprimée et reliée, raisonnablement correcte dans le texte et raisonnablement propre. La conscience de posséder un exemplaire numéroté d'une édition imprimée sur papier Lafuma-Navarre, dûment filigrané des initiales de l'éditeur, ne compense pas le fait que le livre est plein de grossières erreurs d'imprimeur et qu'une feuille entière de seize pages a été a erré, au cours du processus de reliure, d'un bout à l'autre du volume, phénomènes bien inutilement fréquents dans l'histoire de la production française du livre.

L'attention accrue accordée aux subtilités bibliophiles s'est accompagnée d'une forte augmentation des prix. Les éditions limitées *de luxe* sont devenues absurdement courantes en France, et il existe des dizaines de petites maisons d'édition qui ne produisent presque rien d'autre. Des auteurs comme M. André Salmon et M. Max Jacob ne paraissent presque jamais à moins de vingt francs le volume. Même avec l'échange, c'est un prix formidable ; et pourtant les bibliophiles français, pour qui vingt francs c'est en réalité vingt francs, paraissent avoir un appétit insatiable pour ces petites et belles éditions. La guerre a établi une nouvelle loi économique : plus on s'appauvrit, plus on peut se permettre de dépenser en produits de luxe.

L'éditeur anglais ordinaire n'a jamais opté pour Van Gelder, Lafuma-Navarre et les éditions numérotées. Réticent aux chiffres, il laisse le collectionneur de livres estimer par conjectures la rareté future de l'édition originale. Il ne crée aucune valeur artificielle de rareté. Le collectionneur d'éditions originales anglaises contemporaines est entièrement un spéculateur ; il ne sait jamais quelle heure peut lui réserver.

Depuis des années, dans le commerce de l'image, personne n'a prétendu qu'il existait une relation particulière entre le prix d'un tableau et sa valeur en tant qu'œuvre d'art. Un magnifique El Greco s'achète pour environ le dixième de la somme payée pour un Romney qui serait condamné par tout comité de pendaison qui se respecte. Nous sommes si habitués à ce genre de choses dans le commerce des images que nous avons presque cessé de les commenter. Mais dans le commerce du livre, la tendance à créer d'énormes valeurs artificielles est apparue plus tardivement. Le spectacle d'un seul livre acheté quinze mille livres est encore suffisamment nouveau pour susciter l'indignation. De plus, le collectionneur de livres qui paie des sommes considérables pour ses trésors a encore moins d'excuses que le collectionneur d'images. La valeur d'un vieux livre est entièrement une valeur de rareté. D'une image on peut tirer un véritable plaisir esthétique ; en achetant un tableau, on achète le droit unique de ressentir ce plaisir. Mais personne ne peut prétendre que *Vénus et Adonis* soit plus délicieux lorsqu'il est lu en un exemplaire unique de quinze mille livres que lorsqu'il est lu dans un volume qui a coûté un shilling. Dans l'ensemble, l'impression et l'apparence générale du livre en shillings seront probablement les meilleures des deux. L'acheteur du vieux livre fabuleusement cher ne satisfait que son instinct possessif. L'acheteur d'une photo peut aussi avoir un véritable sentiment de beauté.

Le triomphe et la *réduction par l'absurde* de la bibliophilie ont été témoins il n'y a pas si longtemps chez Sotheby's, lorsque feu M. Smith de New York a acheté pour quatre-vingt mille livres de livres en moins de deux heures à la vente de Britwell Court. La guerre, dit-on, a créé quarante mille nouveaux millionnaires en Amérique ; le libraire new-yorkais ne manquait sans doute pas de clients potentiels. Il achetait un volume de mille guinées comme un être humain ordinaire achèterait quelque chose sur l'étagère de six pence dans un magasin d'occasions. J'ai rarement assisté à un spectacle qui m'a inspiré un souffle d' indignation morale plus intense. Bien entendu, il faut toujours se méfier de l'indignation morale, car elle est, en totalité ou en partie, la manifestation déguisée d'une passion ignoble. Dans ce cas, la cause fondamentale de mon indignation était clairement l'envie. Mais il y avait, je me flatte, une superstructure de sentiment moral désintéressé. Avilir un livre pour en faire un objet de luxe coûteux, c'est aussi sûrement, dans le langage miltonien, « tuer l'image de Dieu, pour ainsi dire dans les yeux », que la brûler. Et quand on pense à la façon dont ces quatre-vingt mille livres auraient pu être dépensées... Ah, eh bien !

IX
ART DÉMOCRATIQUE

Il y a de l'ivresse dans la foule. Car il est bon d'être l'un des nombreux à faire la même chose – bonne quelle que soit la chose, qu'il s'agisse de chanter des hymnes, de regarder un match de football ou d'applaudir les vérités éternelles des politiciens. N'importe quoi servira d'excuse. Peu importe au nom de qui vos deux ou trois mille personnes sont rassemblées ; ce qui est important, c'est le processus de rassemblement. Ces derniers jours, nous avons été témoins d'un exemple très éclairant de cette tendance dans l'explosion sauvage d'excitation de la foule suite à l'arrivée dans ce pays de Mary Pickford. Ce n'est pas comme si les gens s'intéressaient vraiment beaucoup à la Petite Chérie du Monde. Elle n'est qu'un prétexte pour se rassembler en foule et susciter une puissante émotion communautaire. Les journaux ont mis le feu aux poudres ; ils allumaient le feu, appliquaient l'allumette et chérissaient la flamme infantile. Les foules, trop heureuses de s'enflammer, firent le reste ; ils ont brûlé.

J'appartiens à cette classe de gens malheureux qui ne se laissent pas facilement contaminer par l'excitation de la foule. Trop souvent, je me retrouve tristement et froidement insensible au milieu d'une multitude d'émotions. Peu de sensations sont plus désagréables. Ce défaut est en partie capricieux, et en partie dû à ce snobisme intellectuel, à ce rejet fastidieux de ce qui est facile et évident, qui est l'une des conséquences mélancoliques de l'acquisition de la culture. Que de fois on regrette cet ascétisme de l'esprit ! Avec quelle mélancolie on aspire parfois à pouvoir se débarrasser de l'habitude du rejet et de la sélection, et à jouir de toutes les émotions chères, manifestement succulentes et idiotes, sans arrière-pensée ! Et en effet, même si nous admirons la Fantaisie chromatique de Bach, nous avons tous un faible quelque part dans notre esprit qui est sensible aux « Roses en Picardie ». Mais le point faible est entouré de points durs ; la jouissance n'est jamais sans mélange de désapprobation critique. Les excuses pour susciter une émotion communautaire, voire l'émotion communautaire elle-même, sont rejetées comme étant trop grossières. Nous nous détournons d'eux comme une cœnobite de la Thébaïde se serait détournée des danseuses ou d'un plat fumant de tripes et d'oignons.

J'ai maintenant devant moi un petit livre, récemment arrivé d'Amérique, qui montre comment l'émotion aléatoire de la foule peut être systématiquement organisée en une sorte de religion. Ce volume, *The Will of Song* (Boni & Liveright, 70 c.), est la production conjointe de MM. Harry Barnhart et Percy MacKaye. « Comment concilier l'art et le service social ?... Comment l'âme ermite du poète individuel peut-elle donner une expression valable et spontanée à l'âme communautaire des multitudes rassemblées ? Comment les marées déferlantes de l'homme peuvent-elles être captées dans Conduits of Art, sans perdre leur gloire et leur élan originels ? Ces questions et bien d'autres, qui impliquent une grande dépense de lettres majuscules, sont posées par M. MacKaye et répondues dans *The Will of Song*, qui porte le sous-titre qualificatif « Un service dramatique de chant communautaire ».

Le service est démocratiquement non dogmatique. Des abstractions telles que la Volonté, l'Imagination, la Joie, l'Amour et la Liberté, dont certaines sont représentées dans la représentation dramatique, non pas par des individus, mais par des personnages de groupe (c'est-à-dire des *chœurs*), chantent la Fraternité dans une phraséologie semi-biblique qui est presque totalement vide de contenu. Tout cela est délicieusement vague et sans engagement, comme le discours d'un ministre sur la Société des Nations, et, comme un tel discours, laisse derrière lui une lueur confortable, un noble sentiment d'élévation. Mais, comme les ministres, les prédicateurs et tous ceux dont le métier est d'émouvoir le peuple par l'émission de paroles, les auteurs de *The Will of Song* sont bien conscients que ce qui compte dans une œuvre d'art populaire n'est pas tant le contenu intellectuel que le pittoresque de sa forme et l'émotion avec laquelle il est présenté. Dans la mise en scène — si un tel terme n'est pas irrévérencieux — de leur service, MM. Barnhart et MacKaye ont emprunté au rituel catholique romain tous ses créateurs d'émotions les plus efficaces. Les ténèbres, les illuminations, le carillon des cloches, les voix solennelles et mystérieuses, les réponses chorales, tous ces procédés traditionnels ont été exploités de la manière la plus scientifique dans le Service Communal.

Voici les mises en scène qui annoncent l'ouverture du service :

Alors que le chant final du Prélude cesse, la salle de réunion devient soudainement sombre et les TÉNÈBRES sont remplies de fanfares de TROMPETTES . Et maintenant, reprenant le refrain des trompettes, l'Orchestre joue une musique élémentaire, évoquant la pluie, le vent, le tonnerre et le bruit des eaux ; De derrière le siège central surélevé, de grands éclairs de feu jaillissent vers le haut, et pendant qu'ils s'enflamment, une FIGURE DE FLAMME DORÉE s'élève, dans un cône de lumière, qui appelle d'une voix grave et vibrante : « Qui s'est levé du cœur du peuple ? ?" Instantanément, depuis trois parties de l'assemblée, les VOIX DE TROIS GROUPES , hommes, femmes et enfants, répondent depuis l'obscurité à la triple unisson : « Moi ! »

Même à partir de l'impression à froid, on peut voir que cette ouverture serait extrêmement efficace. Mais les doutes m'assaillent. J'ai l'horrible soupçon que cette musique élémentaire ne m'emporterait pas comme elle le devrait. Mes craintes sont justifiées lorsqu'en parcourant le programme musical, je découvre que la musique élémentaire est de Langey, et que les accompagnements orchestraux qui suivent sont l'œuvre de Massenet, Tchaïkovski, Langey encore une fois, Julia Ward Howe et Sinding. Hélas! une fois de plus, on se retrouve esclave de ses habitudes de sélection et de rejet. On se retrouverait laissé pour compte simplement parce qu'on ne supporte pas Massenet. Ceux qui ont vu la dernière pièce de Sir James Barrie, *Mary Rose*, se souviendront peut-être des explosions musicales qui préludent à la pièce et reviennent à chaque moment mystique de la pièce. En théorie, on aurait dû monter sur les ailes de cette musique pour accepter sereinement la machinerie surnaturelle de Sir James Barrie ; on aurait dû en être rempli d'émotions profondément religieuses. Dans la pratique, cependant, on se retrouvait à reculer, les nerfs tremblants, devant la vulgarité poignante de ce *leitmotiv*, isolé par ce qui aurait dû nous unir à l'auteur et au reste du public. Le cœnobite aimerait manger les tripes et les oignons, mais constate par expérience que l'odeur du plat lui donne un peu mal au cœur.

Il ne faut cependant pas rejeter des choses telles que *La Volonté du chant* comme étant absolument et entièrement mauvaises. Ils sont utiles, ils sont même bons, sur leur propre plan et pour les personnes qui appartiennent à un certain ordre de la hiérarchie spirituelle. *La Volonté de chanter*, mise en musique élémentaire par Massenet et Julia Ward Howe, peut être une force spirituelle émouvante pour des gens pour qui, dirons-nous, Wagner ne signifie rien ; tout comme Wagner lui-même peut avoir une importance spirituelle pour des personnes appartenant à une caste légèrement supérieure, mais toujours incapable de comprendre ou de tirer quelque profit des œuvres d'art transcendantes les plus élevées – de la Messe en ré, par exemple, ou de la Sonate. Op. 111.

Les démocrates se demanderont de quel droit nous avons le droit de dire que la Messe en ré est meilleure que les œuvres de Julia Ward Howe, de quel droit avons-nous d'attribuer une place plus basse dans la hiérarchie spirituelle aux admirateurs de The Will of Song qu'aux admirateurs de The Will of *Song*. admirateurs de Beethoven. Ils insisteront sur le fait qu'il n'y a aucune hiérarchie ; que toute créature possédant l'humanité, possédant même la vie, est aussi bonne et aussi importante, du simple fait de cette possession, que n'importe quelle autre créature. Il n'est pas tout à fait facile de répondre à ces objections. Les arguments des deux côtés reposent en fin de compte sur la conviction et la foi. Le mieux qu'on puisse faire pour convaincre le démocrate paradoxal de la supériorité réelle de la Messe en ré sur *La Volonté de chant* est de souligner que, en un sens, l'une contient l'autre ; que *La Volonté du chant* est une partie, et une très petite partie en plus, d'un grand tout d'expérience humaine, dont la Messe en ré se rapproche beaucoup plus. Dans *The Will of Song* et son accompagnement « élémentaire », on sait exactement comment chaque effet est obtenu ; sa gamme d'expériences émotionnelles et intellectuelles est extrêmement limitée et parfaitement familière. Mais la gamme de la masse en ré est énormément plus large ; il inclut en lui-même la portée de *The Will of Song*, le tient pour acquis, pour ainsi dire, et s'étend jusqu'à des sphères d'expérience plus lointaines. En réalité, il est quantitativement plus grand que *The Will of Song*. Pour le démocrate qui croit aux majorités, c'est un argument qui doit sûrement s'avérer convaincant.

X
CUMULS

Les philosophes moraux ont toujours trouvé dans la brièveté de la vie et le caractère périssable des choses matérielles un de leurs thèmes les plus heureux. « Le temps, qui vieillit les antiquités, a un art de faire poussière de toutes choses. » Il n'y a rien de plus émouvant que ces notes d'orgue élégiaques gonflées dans lesquelles on a célébré la mortalité de l'homme et de toutes ses œuvres. Ceux d'entre nous pour qui la véritable étude de l'humanité réside dans les livres vivent avec la mélancolie la plus poignante devant la destruction des trésors littéraires. Nous pensons à tous les philosophes préplatoniciens dont il ne reste que quelques phrases. Nous pensons aux poèmes de Sappho, presque complètement effacés de notre connaissance. Nous pensons aux fragments manquants du « Satyricon » et à bien d'autres pages précieuses qui n'existaient pas et ne sont plus aujourd'hui. Nous nous plaignons des trous que le temps a creusés dans les archives de l'histoire, déplorant la perte d'innombrables documents disparus. Quant aux bâtiments, tableaux, statues et témoignages accumulés de civilisations entières, tous détruits comme s'ils n'avaient jamais été détruits, ils n'appartiennent pas à notre domaine littéraire et, s'ils l'étaient, ils seraient trop nombreux pour être catalogués, même sommairement.

Mais ce n'est pas parce que les hommes ont pensé et ressenti d'une certaine manière qu'ils continueront toujours à le faire. Il semble fort probable que nos descendants, dans deux ou trois siècles, deviendront pathétiques dans leurs plaintes, non pas de la fragilité, mais de l'horrible persistance et de l'indestructibilité des choses. Ils se sentiront étouffés par l'intolérable accumulation des années. Les hommes d'aujourd'hui sont si profondément pénétrés du sentiment du caractère périssable de la matière qu'ils ont commencé à prendre d'immenses précautions pour préserver tout ce qu'ils pouvaient. Désolés par l'insouciance de nos ancêtres, nous veillons à ce que nos descendants ne manquent d'aucun document lorsqu'ils viendront écrire notre histoire. Tout est systématiquement conservé et catalogué. Les vieilles choses sont soigneusement réparées et maintenues dans une existence continue ; les choses désormais nouvelles sont thésaurisées et protégées de la pourriture.

Se promener dans les librairies d'une des plus grandes bibliothèques du monde est une expérience qui ne peut manquer de faire réfléchir sur l'effroyable indestructibilité de la matière. Il y a quelques années, j'ai exploré les caves récemment creusées dans lesquelles le trop-plein de la Bodléienne se déverse en un ruisseau incessant. Les caves s'étendent sous la moitié nord du grand quadrilatère au centre duquel se trouve la Radcliffe Camera. Ces catacombes ont deux étages de profondeur et sont recouvertes de béton imperméable. « Les humidités boueuses et la bave filante » de la voûte traditionnelle sont absentes dans cette grande nécropole des lettres ; d'énormes tuyaux de ventilation respirent les souffles d'un vent sec et chaud, qui rend l'endroit aussi confortable et aussi antipathique à la décadence que les déserts d'Asie centrale. Les livres sont placés dans des caisses métalliques construites de manière à pouvoir glisser et se déplacer sur des rails. La disposition des vitrines est si ingénieuse qu'il est possible de remplir solidement les deux tiers de l'espace disponible avec des livres. D'ici une vingtaine d'années, lorsque les caveaux existants n'accepteront plus de livres, une nouvelle cave pourra être creusée du côté opposé de la Caméra. Et quand ce sera plein – ce n'est qu'une question d'ici un demi-siècle – que se passera-t-il ? Nous haussons les épaules. Après nous le déluge. Mais espérons que le bibliothécaire de Bodley de 1970 aura le courage de remplacer le dernier mot par « feu de joie ». Au feu de joie ! C'est la seule solution satisfaisante à un problème intolérable.

La préservation délibérée des choses doit être compensée par leur destruction délibérée et judicieuse. Sinon, le monde sera submergé par l'accumulation d'objets anciens. Les porcs, les lapins et le cresson, lorsqu'ils furent introduits pour la première fois en Nouvelle-Zélande, menaçaient de dévaster le pays, faute de forces de destruction compensatrices pour mettre un terme à leur multiplication indéfinie. De la même manière, de simples choses, une fois placées au-dessus des lois naturelles de la décomposition, finiront par nous enterrer, à moins que nous ne nous efforcions méthodiquement de nous débarrasser de la nuisance. L'argument selon lequel ils devraient tous être préservés – chaque roman de Nat Gould, chaque numéro du *Funny Wonder* – en tant que documents historiques n'est pas fondé. Là où il existe trop de documents, il est impossible d'écrire l'histoire. « Car l'ignorance », selon les mots heureux de M. Lytton Strachey, « est la première exigence de l'historien – une ignorance qui simplifie et clarifie, qui sélectionne et omet, avec une perfection placide inaccessible au plus haut art. » Personne ne veut tout savoir – aussi bien les faits non pertinents que les faits importants – sur le passé ; ou en tout cas personne ne devrait désirer le savoir. Ceux qui le font, ceux qui sont dévorés par de simples faits et des informations inutiles, sont les misérables victimes d'un vice non moins répréhensible que l'avidité ou l'ivresse.

Ce processus judicieux de destruction doit aller de pair avec une classification élaborée de ce qui reste. Comme le dit M. Wells à sa manière grandiose et opulente, « l'organisation de la recherche et des archives scientifiques du futur État mondial, comparée à celle d'aujourd'hui, sera comme un paquebot à côté de la pirogue de quelque ancien voyageur héliolithique. » Avec la multiplication massive et aveugle des livres et des périodiques, notre organisation des archives tend à devenir de plus en plus héliolithique. Les informations utiles sur un sujet donné sont si largement dispersées ou peuvent être cachées dans des endroits si obscurs que l'étudiant est souvent incapable de savoir ce qu'il devrait étudier et où. Un immense travail international de bibliographie et de classification doit être entrepris à une date très rapprochée, si l'on veut que les générations futures de chercheurs exploitent au maximum les connaissances déjà acquises.

Mais ce travail constructif sera fastidieux et insipide comparé à la glorieuse entreprise de destruction. D'énormes feux de papier s'allumeront pendant des jours et des semaines, chaque fois que les bibliothèques entreprendront leur purgation périodique. Le seul danger, et, hélas ! le danger est très réel, c'est que les bibliothèques se purgent infailliblement des mauvais livres. Nous savons tous ce que sont les bibliothécaires ; et non seulement les bibliothécaires, mais les critiques, les hommes de lettres, le grand public — tout le monde en fait, sauf nous —, nous savons comment ils sont, nous les connaissons : il n'y a jamais eu de gens d'aussi mauvais goût ! Des commissions seront sans doute créées pour juger les livres, prononçant des acquittements et des condamnations de manière magistrale. Ce sera une sorte de gigantesque compétition Hawthornden. À cette pensée, je constate que les flammes de mes grands feux de joie perdent une grande partie de leur éclat imaginé.

XI
SUR LA DÉVIATION DU SENS

Il y a une histoire, très chère pour une raison à nos ancêtres, selon laquelle Apelles, ou j'oublie quel autre peintre grec, désespéré de l'échec de ses efforts pour représenter de manière réaliste l'écume sur la gueule d'un chien, jeta son éponge sur le tableau en un animal de compagnie, et fut récompensé de sa mauvaise humeur en découvrant que la tache qui en résultait était l'image vivante de l'écume dont il n'avait pas pu, avec tout son art, retrouver l'aspect. Personne ne connaîtra jamais l'histoire de toutes les erreurs heureuses, des accidents et des déviations inconscientes vers le génie, qui ont contribué à enrichir l'art mondial. Ils sont probablement innombrables. J'ai moi-même dévié plus d'une fois vers des félicités accidentelles. Récemment, par exemple, les dangers d'une écriture négligente m'ont amené à inventer un nouveau mot-valise de la qualité laforguienne la plus brillante. J'avais eu l'intention d'écrire l'expression « la Comédie humaine », mais, par un heureux glissement, j'ai posé le doigt sur la lettre qui se trouve à côté du « C » sur le clavier universel. Quand je suis venu relire la page terminée, j'ai découvert que j'avais écrit « le Vomedy Humain ». Existe-t-il jamais une critique de la vie plus succincte et plus expressive ? Pour les dieux les plus sensibles et les plus nauséeux, les dernières années ont en effet dû paraître un vomi de premier ordre.

Les erreurs les plus grossières ont joué un rôle assez marquant dans l'histoire des lettres. On pense, par exemple, au nom Criseida ou Cressida fabriqué à partir d'un accusatif grec, à ce malentendu spenserien de Chaucer qui a donné cours au substantif plutôt ridicule « bravoure ». Moins familier, mais plus délicieusement absurde, est le lapsus de Chaucer qui lit « naves ballatrices » pour « nefs bellatrices » – des ballets au lieu de cuirassés – et sa traduction « shippes hoppesteres ». Mais ces hurlements larges et directs sont sans intérêt comparés aux déviations plus subtiles vers l'originalité parfois réalisées par des auteurs qui faisaient de leur mieux pour ne pas être originaux. Nulle part nous ne trouvons d'exemples plus remarquables de génie accidentel que chez les poètes post-Chaucériens, dont la connaissance très floue de la mesure exacte *dans* laquelle ils essayaient d'écrire les a souvent amenés à produire des variations très frappantes sur la mesure anglaise de base.

Les variations de Chaucer par rapport à la norme décasyllabique étaient délibérées. Ainsi, pour la plupart, étaient ceux de son disciple Lydgate, dont le vers préféré « au dos brisé », dépourvu de la première syllabe de l'iambus qui suit la césure, est métriquement du plus grand intérêt pour les poètes contemporains. La ligne caractéristique de Lydgate suit ce modèle :

Pour rien sans voix, mais tu accélères.

judicieusement employée, la ligne à dos brisé pourrait produire de très beaux effets. Lydgate, comme on l'a dit, était probablement assez conscient de ce qu'il faisait. Mais ses méthodes procustéennes avaient tendance à être un peu aveugles, et on se demande parfois s'il jouait des variations sur un thème connu ou s'il tâtonnait plutôt timidement vers la belle régularité de son maître Chaucer. Les poètes de la fin des XVe et XVIe siècles semblent avoir beaucoup travaillé dans l'obscurité. Les poèmes d'écrivains tels que Hawes et Skelton abondent en parodies les plus vagues du vers décasyllabique. N'importe quoi de sept à quinze syllabes servira à leur tour. Chez eux les variations sont rarement intéressantes. Le hasard n'avait pas beaucoup d'occasions de produire des effets métriques subtils avec un homme comme Skelton, dont l'esprit était naturellement si plein de doggerel que ses variations sur le décasyllabe sont pour la plupart de la nature de skeltoniques grossiers. J'ai trouvé d'intéressantes variations accidentelles sur le décasyllabe chez Heywood, l'auteur de moralités. Ceci, tiré du *Jeu de l'Amour*, a une vraie beauté métrique :

Vous n'avez ressenti qu'une douleur telle que j'en ressens plusieurs,

Un pincement de désespoir ou un pincement de désir,

Un pincement d'un regard désagréable dans ses yeux,

Un pincement d'un mot de sa bouche comme dans la colère,

Ou en retenue de son amour que je désire—

Une douleur parmi tout cela, ressentie une fois dans votre vie,

Cela devrait ébranler votre opinion et apaiser tous nos conflits.

Ces résolutions dactyliques des troisième et quatrième vers sont extrêmement intéressantes.

Mais l'exemple le plus remarquable d'invention métrique accidentelle que j'ai jamais rencontré se trouve dans la traduction par le comte de Surrey de l'ode d'Horace sur le juste milieu. Surrey fut l'un des pionniers de la réaction contre le flou et l'insouciance incertaine des post-Chaucériens. De l'exemple de la poésie italienne, il avait appris qu'un vers doit avoir un nombre fixe de syllabes. Dans tous ses poèmes, son objectif est toujours d'atteindre la régularité à tout prix. Pour être sûr d'avoir dix syllabes dans chaque vers, il est évident que Surrey se servait de ses doigts aussi bien que de ses oreilles. On le voit au pire et au plus laborieux dans la première strophe de sa traduction :

De ta vie, Thomas, cette boussole marque bien :

Ne par peur lâche en évitant les tempêtes sombres

Pas toujours, toutes voiles dehors, pour battre la haute mer ;

Sur les rivages peu profonds, ta quille est en péril.

Les dix syllabes sont bien là, mais sauf dans le dernier vers, il n'y a aucun rythme reconnaissable d'aucune sorte, qu'il soit régulier ou irrégulier. Mais quand Surrey en vient à la deuxième strophe...

Auream quisquis médiocre

Diligit, tutus caret obsolète

Sordibus tecti, caret invidenda

Sobrius aula—

quelque heureux hasard lui inspire le génie de traduire par ces mots :

Quiconque interrompt volontiers le juste milieu,

Sa maison est délibérément dépourvue de dangers ;

Pas avec une boue répugnante comme une tanière impure,

Ni comme un palais, où le dédain peut paraître sombre.

Non seulement c'est une très bonne traduction, mais c'est aussi une expérience métrique très intéressante et subtile. Quoi de plus heureux que cette strophe composée de trois vers trochaïques, accélérés par de belles résolutions dactyliques, et d'un dernier vers iambique de mesure régulière, l'accord tonique reconnu qui conclut la musique ? Et pourtant, le manque d'accord de la première strophe suffit à prouver que la réussite de Surrey est autant le produit du hasard que l'écume sur les mâchoires du chien d'Apelles. Il faisait tout le temps de son mieux pour écrire des décasyllabiques avec le rythme iambique normal du dernier vers. Ses échecs étaient parfois des traits de génie inconscients.

XII
CONVERSATION POLITE

Il y a des gens à qui le commandement le plus difficile à obéir est celui qui nous enjoint de souffrir volontiers les insensés. La prédominance de la folie, sa permanence monumentale et immuable et son triomphe presque invariable sur l'intelligence sont des phénomènes qu'ils ne peuvent contempler sans éprouver une passion de juste indignation ou, pour le moins, de mauvaise humeur. Les sages comme Anatole France, qui peuvent sonder et anatomiser la bêtise humaine tout en restant sereinement détachés, sont rares. Ces réflexions ont été suggérées par un livre récemment publié à New York et intitulé *The American Credo*. Les auteurs de cet ouvrage sont ces *enfants terribles* de la critique américaine, MM. HL Mencken et George Jean Nathan. Ils ont dressé une liste de quatre cent quatre-vingt-huit articles de foi qui constituent le Credo fondamental du peuple américain, en les préfaçant d'un essai très amusant sur l'esprit national :

La vérité change et change comme une cataracte de diamants ; son aspect n'est jamais exactement le même à deux instants successifs. Mais l'erreur coule dans le canal de l'histoire comme un grand courant de lave ou un glacier infiniment léthargique. C'est la seule chose relativement fixe dans un monde de chaos.

Parcourir les articles du Credo, c'est se rendre compte qu'il y a une bonne part de vérité dans cette affirmation. Des croyances telles que les suivantes – qui ne se limitent en aucun cas à la seule Amérique – sont probablement au moins aussi anciennes que la Grande Pyramide :

Que si une femme, sur le point de devenir maman, joue du piano tous les jours, son bébé naîtra Victor Herbert.

Que l'accumulation de grandes richesses entraîne toujours de grands malheurs.

Que tuer une araignée porte malheur.

Cette eau pourrit les cheveux et provoque ainsi la calvitie.

Que si une mariée porte une vieille jarretière avec ses nouveaux atours, elle aura une vie conjugale heureuse.

Que les enfants se comportaient bien mieux il y a vingt ans qu'aujourd'hui.

Et la plupart des autres œuvres de la collection, bien que revêtant des formes typiquement contemporaines et américaines, ne sont que des variations sur des notions aussi immémoriales.

Inévitablement, quand on lit *The American Credo* , on se souvient d'un assaut plus habile, plus impitoyable et plus féroce contre la stupidité, je veux dire la *« Collection complète de conversations distinguées et ingénieuses » de Swift, selon le mode et la méthode les plus polis maintenant utilisés à la Cour et dans les meilleures entreprises d'Angleterre* . En trois Dialogues. Par Simon Wagstaff, Esq. Après avoir lu les travaux de MM. Mencken et Nathan, j'ai été inspiré pour rafraîchir mes souvenirs de cette image diabolique des commodités sociales. Et quel livre c'est ! Il y a quelque chose de presque épouvantable dans cette façon de procéder, un flux continu et incessant d'imbécillité. Simon Wagstaff, rappelons-le, a passé la majeure partie de quarante ans à rassembler et à digérer ces joyaux de conversation polie :

Je peux fidèlement assurer le lecteur qu'il n'y a pas une seule phrase pleine d'esprit dans toute la collection qui n'ait reçu le cachet et l'approbation d'au moins cent ans, et combien de temps encore il est difficile de déterminer ; il peut donc être sûr de les trouver tous authentiques, solides et authentiques.

Le grand nombre d'entre eux qui ont résisté à tous les ravages du temps et rendent encore aujourd'hui d'aussi bons services qu'ils le faisaient au début des années 1700, prouve à quel point les trésors de conversation polie de M. Wagstaff sont authentiques, précieux et authentiques. au temps d'Henri VIII. : "Allez, ma fille, réchauffer de la crème fraîche." « En effet, Madame, il n'en reste plus ; car le Chat a tout mangé. "Je doute que ce soit un chat à deux pattes."

« Et, je vous prie, quelles nouvelles, M. Neverout ? "Eh bien, Madame, la reine Elizabeth est morte." (Il serait intéressant de découvrir à quelle date exacte la reine Anne a pris la place de la reine Elizabeth dans cette grande vieille répartie, ou qui était le monarque évoqué du temps où la reine vierge était encore en vie. Aspirants au degré de B. ou de D. Litt. pourrait faire pire que de prendre ce problème comme sujet de thèse.)

Certaines des phrases les plus choisies au monde ont été prononcées depuis l'époque de M. Wagstaff. Ainsi, la réplique de Miss Notable à M. Neverout : « Allez, apprends à votre grand-mère à sucer les œufs », ne pouvait être entendue que maintenant dans le dortoir d'une école préparatoire. D'autres ont été légèrement modifiés. M. Neverout dit : « Eh bien, toutes choses ont une fin, et un pudden en a deux. » Je pense qu'on peut se flatter que la correction moderne, « sauf un pudding roly-poly, qui en a deux », est une amélioration.

Le deuxième dialogue de M. Wagstaff, dans lequel il traite de la conversation polie lors des repas, contient plus que les autres phrases qui témoignent de la continuité ininterrompue de la tradition. La conversation centrée sur le surlonge de bœuf mérite d'être enregistrée dans son intégralité :

DAME INTELLIGENTE. Venez, colonel, manipulez vos armes. Dois-je t'aider à manger du bœuf ?

COLONEL. Si Votre Seigneurie s'il vous plaît ; et, je vous en prie, ne coupez pas comme une belle-mère, mais envoyez-moi une grosse tranche ; car j'aime poser de bonnes fondations. Je le jure, c'est un noble Sir-loyn.

JAMAIS SORTI. Oui ; voici coupé et revenez.

MADEMOISELLE. Mais, priez ; pourquoi s'appelle-t-on Sir-loyn ?

SEIGNEUR INTELLIGENT. Eh bien, vous devez savoir que notre roi Jacques Ier, qui aimait bien manger, étant invité à dîner par un de ses nobles, et voyant un gros morceau de bœuf à sa table, il sortit son épée, et, dans un Frolic, l'a fait chevalier. Peu de gens en connaissent le secret.

Comme il est délicieux de constater que nous disposons de la garantie de M. Wagstaff pour des joyaux de sagesse tels que : « Le fromage digère tout sauf lui-même » et « Si vous mangez jusqu'à avoir froid, vous vivrez jusqu'à vieillir » ! S'ils avaient cent ans à son époque, ils en ont désormais trois cents. Puissent-ils survivre longtemps ! J'ai cependant eu le regret de constater qu'une des meilleures phrases de M. Wagstaff a été, dans la révolution du temps, complètement perdue. En effet, avant d'avoir lu « Lives » d'Aubrey, la remarque de Lord Sparkish : « Venez, faites le point ; « Cela arrivera enfin à mon Père », m'était tout à fait incompréhensible. L'expression est tirée d'une histoire de Sir Walter Raleigh et de son fils.

Sir Walter Raleigh [dit Aubrey] étant invité à dîner chez quelque grande personne où son fils devait l'accompagner, il dit à son fils : « Tu es censé aujourd'hui au dîner pour m'accompagner, mais tu es si querelleur. et c'est offensant d'avoir honte d'avoir un tel ours en ma compagnie. M. Walter s'est humilié envers son père et a promis qu'il se comporterait de manière très convenable. Alors ils sont partis. Il était assis à côté de son père et était très sage pendant au moins la moitié de l'heure du dîner. Alors il dit : « Moi, ce matin, n'ayant pas la crainte de Dieu devant mes yeux, mais par l'instigation du diable, je suis parti... »

À ce stade, M. Clark, dans son édition, supprime quatre lignes du texte d'Aubrey ; mais on peut imaginer le genre de chose que Maître Walter a dit.

Sir Walter, étrangement surpris et décontenancé devant une si grande table, donne à son fils un sacré coup au visage. Son fils, aussi grossier soit-il, ne voulait pas frapper son père, mais il frappa au visage le monsieur qui était assis à côté de lui et lui dit : « Encadré à propos de : cela reviendra bientôt à mon père. » C'est maintenant un proverbe couramment utilisé.

Et cela mérite toujours de l'être ; comment, quand et pourquoi il a disparu, je n'en ai aucune idée. Voici un autre bon sujet de thèse.

Il y a peu de choses dans le dialogue de M. Wagstaff qui nous paraissent définitivement dépassées et étranges, et ces super-annuations peuvent facilement s'expliquer. Ainsi, l'abrogation des lois pénales a rendu presque incompréhensibles les références constantes à la pendaison faites par les personnages de M. Wagstaff. Les serments et les grossièretés occasionnelles sont passés de mode dans une société polie et mixte. Sinon, leur conversation est, pour l'essentiel, exactement la même que la conversation d'aujourd'hui. Et cela n'a rien d'étonnant ; car, comme l'a dit un sage :

À l'heure actuelle, la parole conserve des preuves solides de la survivance de la fonction de reconnaissance collective... La fonction de la conversation est ordinairement considérée comme étant l'échange d'idées et d'informations. Sans doute est-elle devenue une telle fonction, mais un examen objectif de la conversation ordinaire montre que la transmission même des idées n'y joue qu'un très petit rôle. En règle générale, l'échange semble consister en des idées qui sont nécessairement communes aux deux locuteurs et que chacun sait comme telles... La conversation entre personnes inconnues l'une de l'autre est susceptible d'être riche du rituel de la reconnaissance. Lorsque l'on entend ou participe à ces évolutions élaborées, exposant avec précaution l'une après l'autre ses marques d'identité, son point de vue sur la météo, sur l'air frais et les courants d'air, sur le gouvernement et sur l'acide urique, guettant attentivement le premier indice faible de un grognement qui montrera qu'on fait partie de la mauvaise meute et qu'on doit se retirer, il est impossible de ne pas se souvenir des manœuvres similaires du chien et d'être reconnaissant que la nature nous ait fourni une méthode moins directe, quoique peut-être plus fastidieuse, code.

XIII
NATIONALITÉ AMOURIE

Les dangers d'une fouille aveugle dans les librairies m'ont fait découvrir deux volumes de vers qui me semblent (bien que je sois d'ordinaire très sceptique quant à ces généralisations grandioses sur les caractéristiques raciales et nationales, si chères à une certaine classe de gens littéraires) illustrer très clairement certaines des différences entre l'esprit français et anglais. Le premier est un petit livre publié il y a quelques mois et intitulé *Les Baisers* ... L'éditeur en dit dans un de ces feuilletons délicieusement littéraires qui font la gloire du libraire parisien : « Un volume de vers ? Non pas! Simplement des baisers mis en vers, des baisers variés comme l'heure qui passe, inconstants comme l'Amour lui-même.... Baisers, baisers, c'est toute leur troublante musique qui chante dans ces rimes. L'autre volume est originaire des antipodes et s'intitule *Chants d'amour et de vie* . Aucune bouffée d'éditeur ne l'accompagne ; mais une image colorée sur le papier d'emballage représente une nymphe s'agrippant frénétiquement à un berger timide. Un portrait de l'auteur fait office de frontispice. Les deux livres ont un caractère érotique et tous deux sont d'une qualité poétique très indifférente. Ils ne sont intéressants que comme illustrations, d'autant plus vivantes qu'elles sont très médiocres, des deux méthodes caractéristiques d'approche, française et anglaise, du thème de la passion physique.

L'auteur *des Baisers* aborde ses expériences amoureuses avec le détachement d'un psychologue intéressé par les réactions mentales de certains plaisirs corporels dont il a préalablement étudié le mécanisme en sa qualité d'observateur physiologique. Son attitude est la même que celle des auteurs de ces comédies de mœurs qui tiennent la scène dans les théâtres des boulevards. C'est sec, précis, concret et presque scientifique. Le comédien des boulevards ne se préoccupe pas de chercher une sorte de justification métaphysique aux ravissements de la passion physique, ni n'est en aucune façon un propagandiste de la sensualité. C'est simplement un analyste des faits dont le métier est de tirer tout le sens possible d'une situation équivoque. De même, l'auteur de ces poèmes est bien trop sophistiqué pour imaginer que

chaque esprit comme il est le plus pur,

Et il contient davantage de lumière céleste,

C'est donc le corps le plus beau qui se procure

Pour s'habituer, et c'est plus assez clair

Avec une grâce joyeuse et une vue aimable.

Car c'est de l'âme que prend la forme du corps ;

Car l'âme est forme et c'est le corps qui crée.

Il ne cherche pas à nous faire croire que les plaisirs physiques ont une justification divine. Il n'a pas non plus envie de « nous faire ramper, pieds et poings liés, sous la tutelle de Bélial ». Il se contente de se souvenir des heures et des entretiens qui ont été extrêmement agréables, des heures qui sonnent pour chacun, des conversations et des réunions qui ont lieu dans toutes les parties du monde et à chaque instant.

Cette attitude envers *la volupté* est suffisamment ancienne en France pour avoir permis l'évolution d'un vocabulaire très précis et défini pour décrire ses phénomènes. Cette langue est aussi exacte que le jargon technique d'un métier et aussi élégante que le latin de Pétrone. C'est une langue dont nous n'avons pas d'équivalent dans notre littérature anglaise. Il est impossible en anglais de décrire *la volupté* avec élégance ; il n'est guère possible d'en parler sans être grossier. Pour commencer, nous ne possédons même pas de mot équivalent à *volupté*. La « volupté » est faible et presque dénuée de sens ; Le « plaisir » est désespérément insuffisant. Dès le début, l'écrivain anglais est désemparé ; il ne peut même pas nommer précisément la chose qu'il se propose de décrire et d'analyser. Mais pour la plupart, il n'a pas beaucoup d'utilité pour un tel langage. Son approche du sujet n'est ni impartiale ni scientifique, et il n'a pas besoin de détails techniques. L'amoriste anglais est enclin à aborder le sujet avec ravissement, passion et philosophie – presque d'une manière qui n'est pas la manière française, pleine d'esprit et de fait.

Dans nos riches *chansons australiennes d'amour et de vie,* nous voyons l'approche philosophique ravissante réduite à quelque chose qui est très proche de l'absurde. Accablée par les intensités du bonheur conjugal, l'auteure ressent le besoin de leur trouver une sorte de justification en les reliant en quelque sorte au cosmos. Dieu, on nous dit,

regardant à travers ses collines sur toi et moi,

Nourrit le Ciel de la flamme de notre désir.

Ou encore :

Nos passions respirent leur propre harmonie sauvage,

Et répands de la musique dans un baiser collant.

Chante, ô âme, nos paroles de désir,

Car Dieu lui-même est dans la mélodie.

Pendant ce temps l'auteur *des Baisers* , toujours élégamment *terre-à-terre* , formule ses désirs plus concrets dans un Alexandrin digne de Racine :

Vienne. Je veux dégrafer moi-même ton corsage.

Le désir d'impliquer le cosmos dans nos émotions n'est en aucun cas réservé à la poétesse des *Chants d'amour et de vie* . Dans certains cas, nous sommes tous portés à invoquer l'univers pour tenter d'expliquer et de rendre compte d'émotions dont l'intensité semble presque inexplicable. Cela est particulièrement vrai des émotions suscitées en nous par la contemplation de la beauté. Pourquoi devrions-nous ressentir une telle émotion lorsque nous sommes confrontés à certaines formes et couleurs, à certains sons, à certaines suggestions verbales de forme et d'harmonie – pourquoi ce que nous appelons beauté devrait nous émouvoir – Dieu seul le sait. Pour expliquer le phénomène, les poètes ont impliqué l'univers dans la question, affirmant qu'ils sont émus par la contemplation de la beauté physique parce qu'elle est le symbole du divin. Les intensités de la passion physique ont présenté le même problème. Honteux d'admettre que de tels sentiments puissent avoir une cause purement sublunaire, nous affirmons, comme la poétesse australienne, que « Dieu lui-même est dans la mélodie ». Cela, soutenons-nous, peut être la seule explication de la violence de l'émotion. Cette vision de la question est particulièrement courante dans un pays aux traditions puritaines fondamentales comme l'Angleterre, où l'attitude sèche et terre-à-terre des Français semble presque choquante. Le puritain se sent obligé de justifier les faits de beauté et *de volupté* . Il faut qu'ils soient d'une manière ou d'une autre rendus moraux avant qu'il puisse les accepter. L'esprit non puritain français accepte les faits tels que l'expérience les lui présente, à leur valeur nominale.

XIV
COMMENT LES JOURS S'ARRIENT !

L'équinoxe d'automne approche à grands pas avec tous ses présages de mortalité, un jour raccourci, une nuit plus froide et plus longue. Comme les jours avancent ! La peur du ridicule ne permet guère de faire un constat mélancolique. Il s'agit d'un pari conversationnel qui, comme le compagnon du fou, ne peut être utilisé que contre les joueurs les plus simples et les moins expérimentés. Et pourtant, combien la poésie la plus émouvante du monde n'est qu'une variation sur le thème de cette journée de dessin ! La certitude de la mort a inspiré plus de poésie que l'espoir de l'immortalité. La fugacité visible d'une matière fragile et belle s'est imposée plus profondément dans l'esprit de l'homme que la notion de permanence spirituelle.

Et l'on verra bientôt surgir du sein de l'onde

La première clarté de mon dernier soleil.

Il s'agit d'un article de foi auquel personne ne peut refuser son adhésion.

Ces derniers temps, je me suis trouvé presque incapable d'apprécier une poésie dont l'inspiration n'est pas le désespoir ou la mélancolie. Pourquoi, je le sais à peine. Peut-être est-ce dû à l'horreur chronique de la situation politique. Car Dieu sait que cela suffit bien à expliquer le goût des vers mélancoliques. Le sujet de tout gouvernement européen ressent aujourd'hui toutes les sensations de Gulliver dans les pattes du singe de la reine de Brobdingnag – les sensations d'un petit être impuissant à la merci de quelque chose de monstrueux, d'irresponsable et d'idiot. Le singe est assis là « sur le faîte d'un bâtiment à cinq cents mètres du sol, nous tenant comme un bébé dans l'une de ses pattes avant ». Va-t-il lâcher prise ? Va-t-il nous presser à mort ? Le mieux que l'on puisse espérer, c'est d'être « laissé tomber sur une tuile faîtière », avec juste assez de bleus pour rester au lit pendant quinze jours. Mais il semble très peu probable qu'un « garçon honnête grimpe et, nous mettant dans la poche de sa culotte, nous fasse descendre sains et saufs ». Cependant, je m'éloigne un peu de mon sujet, qui est la poésie de la mélancolie.

Un jour, je compilerai un Oxford Book of Depressing Verse, qui ne contiendra que les plus magnifiques expressions de mélancolie et de désespoir. Tous les personnages évidents y seront présents et autant d'apôtres obscurs de l'obscurité que des lectures vagues et diverses m'auront fait connaître. Un espace dûment suffisant, par exemple, sera alloué à ce poète tout sauf grand, Fulke Greville, Lord Brooke. Pour la sombre magnificence, peu de choses peuvent rivaliser avec ce résumé de la vie et du destin humain à la fin de son « Mustapha ».

Ô condition fatigante de l'humanité,

Né sous une loi à une autre limite,

Vanité engendrée en vain et pourtant interdite,

Créé malade, il a été ordonné d'être sain.

Que signifie la nature par ces diverses lois,

Passion et raison, cause de la division de soi ?

Est-ce la marque ou la majesté du pouvoir

Pour commettre des offenses afin de pouvoir les pardonner ?

La nature elle-même se déflore

Pour haïr les erreurs qu'elle commet elle-même...

Si la nature ne prenait pas plaisir au sang,

Elle aurait trouvé des moyens plus faciles de faire le bien.

Milton visait à justifier les voies de Dieu auprès de l'homme ; Fulke Greville les dénonce sombrement.

Je n'oublierai pas non plus de mon anthologie la description extraordinaire dans le Prologue d'« Alaham » de l'Enfer des Enfers et de la Privation, le tourment particulier du lieu :

Toi, monstre horrible, sous le sort duquel l'horrible destin

Dans la nuit perpétuelle de l'éternité

Les péchés temporels de l'homme portent des tourments infinis,

Pour changer de désolation, dois-je venir

Pour tenter la terre et profaner la lumière.

Il y a une place, sans aucun centre placé,

Au fond des profondeurs aussi loin que le ciel

Au-dessus de la terre, sombres, infiniment espacés,

Pluton le roi, la misère du royaume.

La privation y régnerait, non créée par Dieu,

Mais créature du péché incréé,

Dont l'être est constitué de tous les êtres à envahir,

Ne pas avoir de fin même si cela a commencé ;

Et ainsi du passé, des choses présentes et à venir,

Donner un malheur qui prive et non qui tourmente.

Mais l'horreur dans la compréhension est mitigée....

Comme la plupart de ses contemporains en ces jours heureux avant que la notion de progrès ne soit inventée, Lord Brooke était ce que Peacock aurait appelé un « péjorationniste ». Ses opinions politiques (et elles étaient aussi celles de Sidney) se reflètent dans sa *Vie de Sir Philip Sidney* . Le mieux qu'un homme d'État puisse faire, selon ces pessimistes élisabéthains, est de réparer et de soutenir le tissu social en décomposition dans l'espoir d'éviter encore un peu plus l'effondrement final et inévitable. Il semble curieux à nous, qui avons appris à considérer l'époque élisabéthaine comme la plus splendide de l'histoire anglaise, que les hommes qui furent les témoins de ces splendeurs aient considéré leur époque comme une époque de décadence.

La notion de Chute a été féconde dans la poésie désespérée. L'un des produits les plus remarquables de cette doctrine est un certain « Sonnet Chrétien » de l'écrivain du XVIIe siècle Jean Ogier de Gombauld , surnommé « le Beau Ténébreux ».

Cette source de mort, cet homicide peste,

Ce péché ne l'enfer a le monde infecté,

M'a laissé pour tout être un bruit d'avoir été,

Et je suis de moi, une image amusante même.

L'Auteur de l'univers, le Monarque céleste

S'était rendu visible en ma seule beauté.

Ce vieux titre d'honneur qu'autrefois j'ai porté

Et que je porte encore, est tout ce qui me reste.

Mais c'est fait de ma gloire, et je ne suis plus rien

Qu'un fantôme qui court après l'ombre d'un bien,

Ou qu'un corps animé du seul ver qui le ronge.

Non, je ne suis plus rien quand je veux m'éprouver,

Qu'un esprit ténébreux qui voit tout comme en songe

Et cherche sans cesse ce qu'il ne peut trouver.

Il y a là des lignes étonnantes, des lignes qui auraient pu être écrites par un Baudelaire, s'il était né huguenot et deux cents ans avant lui. Cette « carcasse animée par le seul ver rongeur » est quelque chose qu'on s'attendrait à trouver en train de pourrir parmi les sombres et belles Fleurs du Mal.

Une spéculation amusante. Si les opérations de rajeunissement des personnes âgées de Steinach deviennent la chose normale et acceptée, quel sera l'effet sur la poésie de cette abolition du processus déprimant de la décadence ? Il se peut que la poésie de la mélancolie et du désespoir soit vouée à perdre sa place dans la littérature et qu'un esprit de ce que William James appelait « l'esprit sain » hérite de son royaume. De nombreuses « vérités éternelles » se sont déjà retrouvées dans la poussière des idées désuètes. Il se peut que ce dernier et apparemment le plus inexorable d'entre eux – que la vie est courte et sujette à une terrible déchéance – rejoigne les autres grands lieux communs qui ont déjà disparu de la littérature.

La chair est brulée, le démon est endormi :

Timor mortis me conturbe :—

Un jour, peut-être, ces sentiments sembleront aussi désespérément surannées que la cosmologie de Milton.

XVe
TIBET

Dans les moments de désespoir total, où tout semble aller pour le pire dans le pire des mondes possibles, il est réconfortant de découvrir qu'il existe des endroits où la bêtise règne encore plus despotiquement qu'en Europe occidentale, où la civilisation repose sur des principes même plus fantastiquement déraisonnable. L'expérience récente m'a montré que la dépression dans laquelle la Paix, M. Churchill et l'état de la littérature contemporaine ont conspiré pour plonger les esprits, peuvent être sensiblement soulagées par une étude, même superficielle, des mœurs et coutumes du Tibet. Le spectacle d'une civilisation ancienne et élaborée, dont presque aucun détail n'est entièrement idiot, est au plus haut degré réconfortant et rafraîchissant. Cela nous remplit d'espoir quant au succès ultime de notre propre civilisation ; cela rétablit notre satisfaction vacillante en tant que citoyens de l'Europe industrialisée. Comparés au Tibet, nous sommes prodigieux. Chérissons la comparaison.

Mon informateur sur la civilisation tibétaine est un certain moine japonais du nom de Kawaguchi, qui a passé trois ans au Tibet au début de ce siècle. Son récit de l'expérience a été traduit en anglais et publié sous le titre *Trois ans au Tibet* par la Société Théosophique. C'est l'un des plus grands livres de voyage au monde et, à ma connaissance, le livre le plus intéressant qui existe sur le Tibet. Kawaguchi a bénéficié d'opportunités au Tibet qu'aucun voyageur européen n'aurait pu avoir. Il a fréquenté l'Université de Lhassa, il a connu le Dalaï Lama lui-même, il a été intime avec l'un des quatre ministres des Finances, il a été l'ami de lama et de laïcs, de toutes sortes et conditions de Tibétains, de la plus haute classe. jusqu'au plus bas : la caste méprisable des forgerons et des bouchers. Il connaissait intimement son Tibet ; pendant ces trois années, en effet, il était pratiquement un Tibétain. C'est quelque chose qu'aucun explorateur européen ne peut prétendre, et c'est ce qui donne au livre de Kawaguchi son intérêt unique.

Les Japonais, comme toutes les autres nationalités, à l'exception des Chinois, ne sont pas autorisés à entrer au Tibet. M. Kawaguchi ne laissa pas cela faire obstacle à sa pieuse mission, car son but en visitant le Tibet était d'enquêter sur les écrits et les traditions bouddhistes du lieu. Il se rendit en Inde et, lors d'un long séjour à Darjeeling, se familiarisa avec la langue tibétaine. Il entreprit ensuite de traverser l'Himalaya. N'osant affronter les portes strictement gardées qui barrent la route directe vers Lhassa, il pénétra dans le Tibet par l'angle sud-ouest, endura des épreuves prodigieuses dans un désert inhabité à dix-huit mille pieds au-dessus du niveau de la mer, visita le lac sacré de Manosarovara et enfin, après aventures étonnantes, arrivé à Lhassa. Il y vécut près de trois ans, se faisant passer pour un Chinois. Au bout de ce temps, son secret fut révélé et il fut obligé d'accélérer son départ pour l'Inde. Voilà pour Kawaguchi lui-même, même si j'aurais aimé en dire davantage sur lui ; car aucun personnage plus charmant et plus sympathique ne s'est jamais révélé dans un livre.

Le Tibet regorge tellement de comédies fantastiques et basses qu'on sait à peine par où commencer un catalogue de ses absurdités. Faut-il commencer par le service très organisé d'infirmières tibétaines, dont le seul devoir est d'empêcher leurs patients de s'endormir ? ou avec la principale source de revenus du Dalaï Lama – la vente de pilules faites de fumier, littéralement à une guinée la boîte ? ou avec la coutume tibétaine de ne jamais se laver depuis le moment de la naissance, alors qu'ils sont abondamment oints de beurre fondu, jusqu'au moment de la mort ? Et puis il y a l'Université de Lhassa, qu'un éminent philosophe de Cambridge a comparée – un peu injustement peut-être – à l'Université d'Oxford ; mais laisse passer ça. A l'Université de Lhassa, l'étudiant reçoit une formation en logique et en philosophie ; chaque année de son séjour, il doit apprendre par cœur de une à cinq ou six cents pages de textes sacrés. On lui enseigne également les mathématiques, mais au Tibet cet art ne va pas plus loin que la soustraction. Il faut vingt ans pour obtenir un diplôme à l'Université de Lhassa – vingt ans, et ensuite la plupart des candidats sont labourés. Pour obtenir un doctorat supérieur. Pour obtenir un diplôme donnant droit à devenir un lama vraiment saint et éminent, il faut quarante années d'application à l'étude et à la vertu. Mais il est inutile de vouloir dresser un catalogue des délices du Tibet. Il y en a trop pour être mentionnés dans ce petit espace. Il suffit de jeter un coup d'œil sur quelques-uns des points les plus brillants du système.

Il y a beaucoup à dire sur le système fiscal tibétain. Le gouvernement a besoin de revenus considérables ; car il faut dépenser des sommes énormes pour entretenir perpétuellement dans la principale cathédrale bouddhiste de Lhassa une armée innombrable de lampes, qui ne peuvent être alimentées qu'avec quelque chose de moins cher que du beurre de yak clarifié. C'est le poste de dépense le plus lourd. Mais une grande partie de l'argent est également consacrée au soutien du clergé tibétain, qui doit représenter au moins un sixième de la population totale. L'argent est collecté par une capitation, payée en nature, dont le montant, fixé par l'ancienne tradition, ne peut, en théorie, jamais être modifié. Théoriquement seulement ; car le gouvernement tibétain n'emploie pas moins de vingt étalons de poids différents et trente-six étalons de mesure différents pour la perception des impôts. La livre peut peser entre une demi-livre et une livre et demie ; et la même chose avec les unités de mesure. Il est ainsi possible de calculer avec une précision extraordinaire, selon le critère de poids et de mesure selon lequel votre impôt est évalué, où précisément vous vous situez en faveur du gouvernement. Si vous êtes notoirement mauvais, ou même si vous êtes innocent, mais vivez dans un mauvais quartier, votre impôt devra être payé par mesures de la plus grande ampleur. Si vous êtes vertueux, ou mieux, si vous êtes riche, de bonne famille et *bien pensant* , alors vous paierez par des poids qui ne sont que la moitié du poids nominal. Pour ceux que le gouvernement ne déteste ni n'aime, mais qu'il considère avec plus ou moins de mépris ou de tolérance, il existe les trente-quatre degrés intermédiaires.

Le jugement final que Kawaguchi porte sur les Tibétains, après trois ans de relation intime avec eux, n'est pas flatteur :

Les Tibétains se caractérisent par quatre défauts graves, à savoir : la saleté, la superstition, les coutumes contre nature (telles que la polyandrie) et l'art contre nature. Je serais terriblement perplexe si on me demandait de nommer leurs points d'échange ; mais s'il fallait le faire, je mentionnerais d'abord le beau climat des environs de Lhassa et de Shigatze, leurs voix sonores et rafraîchissantes dans la lecture du Texte, le style animé de leurs catéchismes et leur art ancien.

Certainement beaucoup de vices ; mais il ne faut pas pour autant mettre de côté les vertus tibétaines. Nous, Anglais, n'en possédons aucun : notre climat est abominable, notre manière de lire les textes sacrés est extrêmement pénible, nos catéchismes, du moins dans ma jeunesse, étaient loin d'être animés, et notre art ancien est une matière très indifférente. Mais malgré ces défauts, malgré M. Churchill et l'état de la littérature contemporaine, nous pouvons toujours regarder les Tibétains et nous sentir rassurés.

XVI
BEAUTÉ EN 1920

Pour ceux qui savent lire les signes des temps, il sera devenu évident, au cours de ces derniers jours et semaines, que la saison des idioties est proche de nous. Déjà – et cela en juillet avec la menace de trois ou quatre nouvelles guerres grondant à l'horizon tonitruant – déjà un monstre des profondeurs est apparu dans une station balnéaire populaire. Déjà M. Louis McQuilland a lancé dans le *Daily Express* une attaque féroce contre les jeunes poètes de l'Asile. Déjà, les journaux photographiques sont remplis à plus de la moitié de photographies de nymphes se baignant, photographies qui font comprendre la facilité avec laquelle saint Antoine repoussait ses tentations. Les journalistes, rampant comme des loups, cherchent leur proie partout où ils la trouvent ; et c'est avec un hurlement de joie unanime que toute la presse s'est lancée à la poursuite du lièvre lancé par Mme Asquith dans un récent épisode de son autobiographie. Faiblement et tardivement, laissez-moi suivre la meute.

Le déni de la beauté par Mme Asquith aux filles du XXe siècle s'est révélé être une groseille géante envoyée par Dieu. Il a fallu faire appel à toute une série de spécialistes de l'alimentation cutanée, de portraitistes et de photographes pour nier cette mise en accusation qui est loin d'être douce. De nombreux espaces ont été occupés de manière agréable et à moindre coût. Tout le monde est satisfait, public, éditeurs, spécialistes du skin-food et tout le monde. Mais la contribution de loin la plus intéressante au débat a été une contribution picturale, parue, si je me souviens bien, dans le *Daily News*. Côte à côte, sur la même page, on nous montrait les photographies de trois beautés des années 1880 et trois des années 1920. La comparaison était des plus instructives. Car un grand abîme sépare les deux types de beauté représentés par ces deux séries de photographies.

Je me souviens dans *If*, une de ces charmantes conspirations d'EV Lucas et George Morrow, d'une série de gravures de mode parodiées intitulées « If Faces get any Flatter ». Le standard de l'année dernière, le Evening Standard de cette année. Les visages de nos spécimens vivants de beauté sont devenus plus plats que ceux de leurs sœurs de mode. Comparez les types de 1880 et de 1920. Le premier est à face abrupte, de profil presque romain ; chez les beautés contemporaines, le visage s'est élargi et raccourci, le profil est moins noble, moins imposant, plus joli, plus séduisant. Il y a quarante ans, c'était le type aristocratique qui était apprécié ; aujourd'hui le goût populaire s'est déplacé de la comtesse à la soubrette. La photographie confirme que les dames des années 80 ressemblaient aux dessins de Du Maurier. Mais parmi la jeune génération actuelle, on cherche en vain le type ; la demoiselle Du

Maurier est aussi éteinte que le reptile mésozoïque ; la Fille Poisson et d'autres espèces apparentées à visage plat ont pris sa place.

Entre les années trente et cinquante, un autre type, la fille au visage d'œuf, régnait en maître dans les affections du monde. Depuis les premiers portraits de la reine Victoria jusqu'aux gravures de mode du *Ladies' Keepsake* , ce type invariable prévaut : le visage en forme d'œuf, les cheveux lisses, le cou en forme de cygne, les épaules rondes en forme de bouteille de champagne. Comparées à l'impassibilité convenable de la jeune fille oviforme, nos gravures de mode au visage plat sont terriblement abandonnées et provocatrices. Et parce que l'on attend tant de respectabilité de la part de ces visages d'œufs d'un âge plus précoce, on est susceptible d'être choqué quand on les voit se conduire d'une manière qui semble inconvenante. On pense à ce tableau enchanteur d'Etty, « Jeunesse à la proue et plaisir à la barre ». Les naïades sont du type à face ovoïde le plus pur. Leurs cheveux sont lisses, leurs épaules inclinées et leurs visages sont aussi impassibles que vides. Et pourtant, ils ne portent aucun vêtement. C'est presque indécent ; on imaginait que le type au visage ovoïde venait au monde avec des draperies fluides.

Ce n'est pas seulement le visage de la beauté qui change avec les changements du goût populaire. Les épaules de bouteille de champagne de la jeune fille oviforme ont disparu de la mode moderne et de la vie moderne. La main contemporaine, avec ses deux majeurs maintenus ensemble et l'index et l'auriculaire écartés, est un autre produit récent. Surtout, les pieds ont changé. À l'époque des visages d'œufs, aucune gravure de mode n'avait plus d'un pied. Cette règle sera, je pense, invariable. Ce pied solitaire dépasse, généralement de manière étrangement aléatoire, comme s'il n'avait rien à voir avec une jambe, sous le bord de la jupe. Et quel pied ! Cela n'a aucun rapport avec ces pieds provocateurs de la ballade de Suckling :

Ses pieds sous son jupon

Comme si des petites souris entraient et sortaient.

C'est un pied austère. C'est un petit objet noir et oblong comme une feuille de thé. Aucun être humain vivant n'a jamais vu un pied pareil, car il est totalement différent des pieds de 1920. Aujourd'hui, la gravure de mode est toujours un bipède. La feuille de thé a été remplacée par deux pieds au riche dessin baroque, courbés et fleuris, avec des cou-de-pied semblables aux cous des chevaux arabes. Les visages ont peut-être changé de forme, mais les pieds ont changé de manière beaucoup plus radicale. Sur le texte « les pieds des jeunes femmes », il serait possible d'écrire un profond sermon philosophique.

Et puisque je parle des pieds, je voudrais mentionner un autre phénomène curieux du même genre, mais affectant, cette fois, les standards de la beauté masculine. Examinez l'art pictural du XVIIIe siècle et vous constaterez que la forme de la jambe masculine n'est plus ce qu'elle était. À cette époque, le mollet de la jambe n'était pas un muscle qui atteignait ses plus grandes dimensions un peu en dessous de l'arrière du genou, pour s'affaisser, *decrescendo*, vers la cheville. Non, au XVIIIe siècle, le veau était un croissant régulier, dont la plus grande saillie était opposée au milieu du tibia ; la cheville, telle que nous la connaissons, existait à peine. Ce veau curieux est imposé à l'attention de presque tous les petits cinéastes du XVIIIe siècle, et même de certains des plus grands maîtres, comme Blake par exemple. Comment est-il né, je ne le sais pas. Vraisemblablement, le veau en forme de croissant était considéré, dans les écoles d'art, comme se rapprochant davantage de l'idée platonicienne de la jambe humaine que ne le faisait la pauvre apparence déformée de la vie réelle. Personnellement, je préfère mes mollets avec le renflement en haut et une vraie cheville en bas. Mais alors je ne tiens pas beaucoup au *beau idéal*.

Le processus par lequel un type de beauté devient populaire, impose sa tyrannie pendant un certain temps, puis est remplacé par un type différent est mystérieux. Il se peut que de patients historiens finissent par découvrir une loi expliquant la transformation du type Du Maurier en type à face plate, du pied feuille de thé en pied baroque, du veau en croissant en veau normal. Pour autant que l'on puisse le constater à l'heure actuelle, ces changements semblent être le résultat de simples hasards et de choix arbitraires. Mais un moment viendra sans doute où l'on découvrira que ces changements de goût sont aussi inéluctablement prédéterminés que n'importe quel changement chimique. Compte tenu de la guerre d'Afrique du Sud, l'avènement d'Édouard VII. et le triomphe libéral de 1906, il était sans doute aussi inévitable que Du Maurier cède la place à Fish que que le zinc soumis à l'acide sulfurique se désagrège en ZnSO4 + H2. Mais nous laissons à d'autres le soin de formuler le fonctionnement précis de la loi.

XVII
GRANDES PENSÉES

A tous les amateurs de citations inédites, d'aphorismes, de grandes pensées et de joyaux intellectuels, je recommanderais chaleureusement un gros volume récemment publié à Bruxelles et intitulé *Pensées sur la Science, la Guerre et sur des sujets très variés* . Le livre contient quelque douze ou treize mille citations, choisies parmi un trésor de cent vingt-trois mille grandes pensées glanées et rassemblées par l'industrie du Dr Maurice Legat, industrie qui sera appréciée à sa valeur par quiconque a jamais tenté de compiler sa propre anthologie privée ou un livre banal. Le travail presque intolérable de copie d'extraits ne peut être évité que par l'usage drastique des ciseaux ; et rares sont ceux qui peuvent se permettre le luxe de mutiler leurs copies des meilleurs auteurs.

Depuis quelques jours, j'ai fait du livre du Dr Legat mon *livre de chevet* . Mais je dus très vite renoncer à le lire le soir, car je trouvais que le Grand disait souvent des choses si étranges que je restais éveillé dans l'effort d'en découvrir le sens. Pourquoi, par exemple, affirmerait-il catégoriquement par Lamennais que « si les animaux connaissaient Dieu, ils parleraient » ? Qu'aurait pu vouloir dire le cardinal Maury lorsqu'il disait : « L'éloquence, compagnie ordinaire de la liberté [étonnante généralisation !], est inconnue en Angleterre » ? C'étaient des mystères suffisamment insolubles pour contrecarrer les effets somnifères de vérités aussi profondes que celle-ci, découverte apparemment en 1846 par Monsieur CHD Duponchel, « Le plus sage mortel est sujet à l'erreur ».

Le Dr Legat a trouvé quelques citations agréables au sujet de l'Angleterre et des Anglais. Son choix prouve avec quelle facilité fatale même les esprits les plus intelligents sont amenés à faire des généralisations sur le caractère national, et à quel point ces généralisations sont toujours grotesques. Montesquieu nous apprend que « dès que sa fortune se délabre, un anglais tue ou se fait voleur ». De la meilleure moitié de cet assassin et voleur potentiel, Balzac dit : « La femme anglaise est une pauvre créature verteuse par force, prête à se dépraver ». « La vanité est l'âme de toute société anglaise », dit Lamartine. Ledru-Rollin est d'avis que toutes les richesses de l'Angleterre sont « des dépouilles volées aux tombeaux ».

Les Goncourt se risquent à une généralisation typiquement fringante sur les caractères nationaux de l'Angleterre et de la France : « L'Anglais, filou comme peuple, est honnête comme individu. Il est le contraire du Français, honnête comme peuple, et filou comme individu. Si l'on veut faire une comparaison, celle de Voltaire est plus satisfaisante car moins prétentieuse. Étranges sont vos manières, les Anglais, qui, des mêmes couteaux,

Coupez la tête au roi et la queue aux chevaux.

Nous Français, plus humains, laissons aux rois leurs têtes,

Et la file d'attente à nos bêtes.

Il est regrettable que l'histoire ait vicié la véracité de cette déclaration concise et prégnante.

Mais les points positifs de cet énorme ouvrage sont rares. Après avoir parcouru quelques centaines de pages, on est obligé, quoique à contrecœur, d'admettre que la Grande Pensée ou Maxime est presque la forme de littérature la plus ennuyeuse qui existe. D'autres, semble-t-il, m'ont devancé dans cette grande découverte. « Las de m'ennuyer des pensées des autres, dit d'Alembert, j'ai voulu leur donner les miennes ; mais je puis me flatter de leur avoir rendu tout l'ennui que j'avais reçu d'eux. Presque à côté de la déclaration de d'Alembert, je trouve cet aveu sous la plume de J. Roux (1834-1906) : « Emettre des pensées, voilà ma consolation, mon délice, ma vie ! Heureux Monsieur Roux !

Insatisfait de l'anthologie de la pensée du Dr Legat, je tombai sur le deuxième numéro du *Proverbe* , une revue mensuelle de quatre pages, dirigée par M. Paul Eluard et comptant parmi ses collaborateurs Tristan Tzara, célèbre *Dada* , MM. Soupault, Breton. et Aragon, les directeurs de *Littérature* , M. Picabia, M. Ribemont-Dessaignes et autres du même rein. Ici, sur la première page du numéro de mars du *Proverbe* , j'ai trouvé le commentaire même sur les Grandes Pensées que j'avais, dans mon insatisfaction, recherché. Les six maximes suivantes sont imprimées les unes au-dessous des autres : la première d'entre elles est une citation de l' *Intransigeant* ; les cinq autres paraissent être l'ouvrage de M. Tzara, qui joint une note à cet effet : « Je m'appelle dorénavant exclusivement Monsieur Paul Bourget ». Les voici:

Il faut violer les règles, oui, mais pour les violer il faut les connaître.

Il faut régler la connaissance, oui, mais pour la régler il faut la violer.

Il faut connaître les violes, oui, mais pour les connaître il faut les régler.

Il faut connaître les règles, oui, mais pour les connaître il faut les violer.

Il faut régler les violes, oui, mais pour les régler il faut les connaître.

Il faut violer la connaissance, oui, mais pour la violer il faut la régler.

Il faut espérer que le Dr Legat trouvera de la place pour au moins une sélection de ces réflexions profondes dans la prochaine édition de son livre. « LE passé et LA pensée n'existe pas », affirme M. Raymond Duncan sur une autre page du *Proverbe* . C'est justement après avoir pris une dose trop importante de « Pensées sur la Science, la Guerre et sur des sujets très variés » qu'une moitié souhaite que cette affirmation soit effectivement vraie.

XVIII
PUBLICITÉ

J'ai toujours été intéressé par les subtilités de la forme littéraire. Cette préoccupation pour l'enveloppe extérieure, pour la lettre de la littérature, est, j'ose dire, le signe d'une impuissance spirituelle fondamentale. Gigadibs, l'homme de lettres, peut comprendre les ficelles du métier ; mais quand il s'agit, non de prestidigitation, mais de miracles, il n'est pas plus efficace que M. Sludge. Pourtant, la prestidigitation est amusante à regarder et à pratiquer ; un intérêt pour les machines de l'art ne nécessite aucune autre justification. J'ai exploré de nombreuses formes littéraires, prenant plaisir à leurs différentes subtilités, étudiant les moyens par lesquels les grands auteurs du passé ont résolu les problèmes techniques posés par chacune d'entre elles. Parfois, j'ai même essayé de résoudre les problèmes moi-même, exercice délicieux et salubre pour l'esprit. Et maintenant, j'ai découvert la forme littéraire la plus passionnante, la plus ardue de toutes, la plus difficile à maîtriser, la plus riche en possibilités curieuses. Je veux dire la publicité.

Personne qui n'a pas essayé d'écrire une publicité n'a la moindre idée des délices et des difficultés que présente cette forme de littérature - ou devrais-je dire de « littérature appliquée », pour le bien de ceux qui croient encore à la supériorité romantique de l'écriture pure. le désintéressé, plutôt que l'utile immédiat ? Le problème auquel se trouve confronté l'auteur de publicités est extrêmement complexe et, en raison même de sa difficulté, extrêmement intéressant. Il est bien plus facile d'écrire dix Sonnets passablement efficaces, suffisamment bons pour capter l'attention d'un critique pas trop curieux, qu'une seule publicité efficace qui attirerait quelques milliers d'acheteurs non critiques. Le problème posé par le Sonnet est un jeu d'enfant comparé au problème de la publicité. En écrivant un Sonnet, il ne faut penser qu'à soi. Si les lecteurs en trouvent un ennuyeux ou obscur, tant pis pour eux. Mais en écrivant une publicité, il faut penser aux autres. Les auteurs de publicité ne doivent pas être lyriques, obscurs ou ésotériques de quelque manière que ce soit. Ils doivent être universellement intelligibles. Une bonne publicité a cela en commun avec le théâtre et le discours : elle doit être immédiatement compréhensible et directement émouvante. Mais en même temps, il doit posséder toute la concision d'une épigramme.

L'orateur et le dramaturge ont « assez de monde et de temps » pour produire leurs effets par des appels cumulatifs ; ils peuvent tourner autour de leur sujet, ils peuvent répéter ; entre les hauteurs de leur éloquence, ils peuvent pratiquer avec grâce l'art de sombrer, sachant qu'une période de platitude ne fera que rehausser la splendeur de leurs moments passionnés. Mais l'annonceur n'a pas d'espace disponible ; il paie trop cher chaque centimètre carré. Il doit jouer sur l'esprit de son public avec un instrument petit et limité. Il doit les persuader de se séparer de leur argent dans un discours qui n'est pas plus long que de nombreuses paroles de Herrick. Un problème pourrait-il être plus fascinant et difficile ? Personne ne devrait être autorisé à parler du *mot juste* ou du raffinement du style s'il ne s'est pas essayé à la rédaction d'une publicité pour quelque chose dont le public ne veut pas, mais qu'il faut persuader d'acheter. Votre *boniment* ne doit pas dépasser cent cinquante ou deux cents mots. Avec quel soin il faut peser chaque syllabe ! Quels efforts infinis faut-il prendre pour façonner chaque phrase en un crochet barbelé qui restera gravé dans l'esprit du lecteur et tirera de sa cachette dans sa poche la pièce de monnaie réticente ! Son style et ses idées doivent être suffisamment lucides et simples pour être compris de tous ; mais en même temps, ils ne doivent pas être vulgaires. L'élégance et une distinction économique sont de mise ; mais toute trace de littérature dans une publicité est fatale à son succès.

Je ne sais pas si quelqu'un a déjà écrit une histoire de la publicité. Si le livre n'existe pas déjà, il faudra certainement l'écrire. L'histoire du développement de la publicité depuis ses débuts au début du XIXe siècle jusqu'à sa maturité luxuriante au XXe siècle constitue un chapitre essentiel de l'histoire de la démocratie. La publicité commence abjectement, rampant sur le ventre comme le serpent après la malédiction primitive. Son abjection est l'humilité huileuse du commerçant dans une société oligarchique. Ces références nauséabondes à la noblesse et au clergé, qui constituent l'essentiel des premières publicités, ne sont possibles qu'à une époque où l'aristocratie et son Église établie dirigeaient effectivement le pays. L'habitude d'invoquer ces pouvoirs persista longtemps après qu'ils eurent cessé d'exercer leur influence. Il est maintenant, je crois, presque entièrement éteint. Il se peut que certaines écoles de filles à l'ancienne mode assurent encore l'éducation des filles de la noblesse et du clergé ; mais j'ai tendance à en douter. Les annonceurs trouvent toujours utile de faire défiler les noms et les écussons des rois. Mais tout ce qui ne relève pas de la royauté est, franchement, un « effacement ».

Le style rampant de la publicité, avec son mélange d'appels humbles aux clients et ses éloges hyperboliques des produits annoncés, a été très tôt modifié par le style pseudo-scientifique, un simple développement du bavardage du charlatan à la foire. Les Balzaciens se souviendront de la publicité composée par Finot et l'Illustre Gaudissard pour « L'Huile Céphalique » de César Birotteau . Le type n'est pas encore mort ; on voit encore des publicités pour des substances « fondées sur les principes établis par l'Académie des sciences », substances connues « des anciens, des Romains, des Grecs et des nations du Nord », mais perdues et seulement redécouvertes par l'annonceur. Le style et la manière de ces publicités appartenant aux premières et moyennes périodes de l'ère de la publicité continuent de porter l'empreinte de la position autrefois méprisable du commerce. Elles sont écrites avec l'onctuosité impossible et peu sincère des lettres de commerçants. Ils sont horriblement incultes ; et lorsque leurs écrivains aspirent à quelque chose de plus ambitieux que le style des comptoirs, ils tombent immédiatement dans le verbiage guindé de l'apprentissage autodidacte. Certaines des tentatives antérieures visant à hausser le ton des publicités sont très curieuses. On se souvient de ces remarquables publicités pleine page du Sel aux fruits d'Eno, chargées d'apophtegmes lourds d'Emerson, d'Épictète, de Zénon l'Éléatique, de Pomponazzi, de Slawkenbergius et d'autres sources de la sagesse humaine. Il y avait une lecture noble sur ces pages étranges. Mais ils avaient en commun avec les sermons le défaut d'être un peu ennuyeux.

L'art de la rédaction publicitaire s'est épanoui avec la démocratie. Les seigneurs de l'industrie et du commerce ont progressivement compris que la bonne façon de faire appel aux peuples libres du monde était de s'adresser familièrement, dans un style honnête d'homme à homme. Ils percevaient que l'exagération et l'hyperbole ne payaient pas vraiment, que le charlatanisme devait au moins avoir un air de sincérité. Ils se confiaient au public, ils faisaient appel à son intelligence de toutes les manières flatteuses. La technique de l'art est devenue à la fois immensément plus difficile qu'elle ne l'avait jamais été auparavant, jusqu'à présent, comme je l'ai déjà laissé entendre, l'une des formes littéraires modernes les plus intéressantes et les plus difficiles. Ses potentialités ne sont pas encore à moitié explorées. La section publicitaire est déjà la partie la plus intéressante et, dans certains cas, la seule lisible de la plupart des périodiques américains. Que nous réserve l'avenir ?

XIX
EUPHUES REDIVIVUS

J'ai récemment eu la chance d'obtenir un exemplaire de ce roman très rare et précieux *Delina Delaney* , d'Amanda M. Ros, auteur d' *Irene Iddesleigh* et *de Poems of Puncture* . Le nom de Mme Ros n'est connu que d'un petit groupe de lecteurs sélectionnés. Mais parmi ces quelques-uns, elle est très appréciée ; l'un de ses lecteurs, dit-on, s'est donné la peine de faire une copie manuscrite complète de *Delina Delaney* , tant son admiration était grande et le livre était désespérément épuisé. Permettez-moi de recommander ce volume, le chef-d'œuvre de Mme Ros, à l'attention des éditeurs entreprenants.

Delina Delaney s'ouvre sur une dénonciation formidable, presque, dans sa richesse d'éloquence vitupérative, rabelaisienne de M. Barry Pain, qui avait, semble-t-il, traité *Irene Iddesleigh* avec peu de respect dans sa critique du roman en *Noir et Blanc* . "Ce soi-disant Barry Pain, de son nom, a pris sur lui de critiquer une œuvre dont la profondeur n'atteint pas le pouvoir de résolution de son talent emprunté et, voudrait-il vous faire croire, varié." Mais « je ne me soucie pas de l'opinion des parvenus à moitié affamés, qui revêtent l'habit d'un homme distingué et minable, et qui voudraient volontiers nourrir l'esprit des gens avec les restes sans valeur de fantaisies volées. » Alors périssez tous les critiques ! Et maintenant pour Delina elle-même.

L'histoire est simple. Delina Delaney, fille d'un pêcheur, aime et est aimée de Lord Gifford. L'influence néfaste d'une Française aux cheveux noirs, Madame de Maine, fille du Comte-av-Nevo, s'interpose entre les amants et leur bonheur, et Delina subit d'effrayants tourments, dont trois ans de travaux forcés, avant que leur union puisse avoir lieu. . C'est la manière, plutôt que le contenu, du livre qui est remarquable. Voici, par exemple, une belle conversation entre Lord Gifford et sa mère, une dame aristocratique qui s'oppose vigoureusement à ses liens avec Delina. De retour au château de Columba, elle apprend une mauvaise nouvelle : on a vu son fils embrasser Delina dans la véranda.

« De retour à la maison, mère ? » dit-il hardiment, alors qu'il la regardait avec révérence.

"La maison d'Hadès!" répondit la fille enragée, de grande race et d'une effémination distinguée.

« Ah moi ! quel est le problème?" » demanda docilement Sa Seigneurie.

« Tout va mal avec une mère au cœur brisé et à une progéniture basse d'esprit », répondit-elle avec chaleur... « Henry Edward Ludlow Gifford, fils de ma force, reste idolâtré de mon mari inerte, qui en ce moment offre invisiblement le fouet de l'autorité paternelle contre votre colonne vertébrale de ressentiment (même si pendant des années vous le pensez mort à vos mouvements) et pilier de la confiance maternelle.

Pauvre dame Gifford ! le comportement de son fils a été sa perte. Le choc lui a fait perdre d'abord la raison, puis la vie. Son fils avait le cœur brisé à l'idée qu'il était responsable de sa chute :

« Est-il vrai, ô Mort, m'écriai-je dans mon agonie, que tu m'as arraché ma mère, Lady Gifford du château de Columba, et que tu m'as laissé ici, une unité figurant sur le grand tableau noir du passé, la surface tremblante du présent et du futur inconstant pour suivre les étapes de ma vie, avec une indifférence flagrante à l'égard de son souhait souhaité ? colère accélérée.

Il est impossible de supposer que Mme Ros ait pu lire *Euphues* ou les romans antérieurs de Robert Greene. Comment expliquer alors l'extraordinaire ressemblance avec l'Euphuisme de son style ? Comment expliquer ces riches allitérations, ces « kennings » et circonlocutions élaborés dont la trame de son livre est tissée ? Otez à Lyly son érudition et sa passion pour l'antithèse, et vous avez Mme Ros. Delina est la propre sœur d'Euphues et Pandosto. Le fait est que Mme Ros, bien que séparée de l'Euphuisme par trois cents ans et plus, est arrivée indépendamment exactement au même stade de développement que Lyly et ses disciples. Il est possible de voir chez un enfant en pleine croissance une image en miniature de toutes les phases par lesquelles l'humanité est passée dans son développement. Et, de la même manière, l'esprit d'un individu (surtout lorsque cet individu a été isolé du courant principal de la pensée contemporaine) peut grimper, seul, jusqu'à un point où, dans le passé, s'est arrêtée toute une génération. Chez Mme Ros, nous voyons, comme chez les romanciers élisabéthains, le résultat de la découverte de l'art par un esprit peu sophistiqué et de sa première tentative consciente de produire de l'art. Il est remarquable de constater à quel point la simplicité est inventée tardivement dans l'histoire de toute littérature. Les premières tentatives d'un peuple pour devenir consciemment littéraire aboutissent toujours à l'artificialité la plus élaborée. La poésie est toujours écrite avant la prose et toujours dans un langage aussi éloigné que possible du langage de la vie ordinaire. Le langage et la versification de « Beowulf » sont bien plus artificiels et éloignés de la vie que ceux, par exemple, de *The Rape of the Lock* . Les Euphuistes n'étaient pas des barbares faisant leur première découverte de la littérature ; ils étaient au contraire très instruits. Mais sur un point ils n'étaient pas avertis : ils découvraient la prose. Ils se rendaient compte que la prose pouvait être écrite avec art, et ils l'écrivaient aussi artificiellement que possible, tout comme leurs ancêtres saxons écrivaient de la poésie. Ils s'enivrèrent de leur découverte de l'artifice. Il fallut un certain temps avant que l'ivresse ne se dissipe et que les hommes comprennent que l'art est possible sans artifice. Mme Ros, une élisabéthaine née hors de son temps, est toujours sous le charme de cette ivresse magique et délicieuse.

Les artifices de Mme Ros sont souvent plus remarquables et plus élaborés que ceux de Lyly. C'est ainsi qu'elle nous raconte que Delina gagnait de l'argent en faisant des travaux d'aiguille :

Elle s'efforçait de rester étrangère aux maigres revenus de son pauvre vieux père en utilisant la meilleure production d'acier, dont le bord émoussé regardait le revêtement en bobine avec une avidité marquée et offrait son dard acéré aux tissus impeccables d'une finesse de lin.

Et Lord Gifford se sépare de Delina en ces mots :

Je suis juste à temps pour entendre le son d'une cloche d'adieu frapper son poids lourd d'une douceur épouvantable contre les fibres les plus faibles d'un cœur d'amour, éveillant et chatouillant son action endormie, enfonçant le dard de la séparation évidente plus profondément dans ses tubes de tendresse, et attisant la flamme, déjà inextinguible, en volumes de flammes brûlantes.

Mais le plus souvent, Mme Ros ne dépasse pas les limites que Lyly s'est fixées. Voici par exemple une phrase qui pourrait sortir directement d' *Euphues* :

Deux jours plus tard, elle quitta le château de Columba et résolut d'entrer dans le cloître sacré d'un couvent, où elle croyait qu'elle serait morte aux espoirs construits de richesse, aux marches tordues menant à la distinction du monde et aux craquements de conception [*sic*] dans le courant boueux de l'amour.

Ou encore, cette description des charmeurs astucieux qui s'affichent dans les rues de Londres est écrite dans l'esprit et le langage mêmes d' *Euphues* :

Leurs cheveux étaient d'une couleur d'or clair, fortement frangés sur le devant, cachant dans bien des cas les sillons d'une vie de vice ; derrière, des bobines dressées, dont certaines différaient par la teinte, montrant le fait qu'ils étaient en patrouille pour le prix d'une autre quantité de teinture... L'élégance de leur tenue avait l'éclat du vol - le bruissement des paroles silencieuses de nombreuses dames. malédiction. Ces outils d'effronterie effrontée étaient étrangers au rougissement de l'innocence qui teintait de nombreuses joues, alors qu'ils se rassemblaient autour de certains des ordonnés de Dieu, priant avec des paroles fleuries de Cockney leurrant, pour qu'ils rompent leurs saints vœux en les accompagnant dans les salles de adultère. Ne se laissant pas intimider par le refus catégorique de différents religieux, dont la marche modeste était interrompue par leur audacieuse affirmation de droits répugnants, ils continuèrent leur route, tandis que des rires de rage cachée et de défaite flottaient sur leurs visages ornés de poupées, pour mourir alors qu'ils abordaient ensuite quelque village rustique. des critiques à l'air poli, qui, tentés par leur ton poli, leurs avances sincères, leurs supplications pitoyables, cédaient, dans leur ignorance des mœurs d'une grande ville, à leurs offres brillantes, et accompagnaient, avec une légère hésitation, ces coquilles artificielles d'immoralité. dans leurs foyers de ruine, de dégradation et de honte.

XX
L'AUTEUR D' *ÉMINENTS VICTORIENS*

Indien rouge extrêmement civilisé vivant à l'écart du monde vulgaire dans une réserve élégante aux allures de parc, M. Strachey regarde rarement par-dessus ses murs la campagne environnante. Il le sait, il grouille de foules d'horribles colonisés. Comme les hôtes de Madian, les innombrables « pauvres blancs » rôdent et rôdent, mais le noble sauvage n'y prête aucune attention.

Dans sa maison spirituelle – un manoir géorgien soigné et spacieux dans le style de Leoni ou Ware – il s'assoit et lit, il feuillette des portefeuilles de vieilles gravures étranges, il savoure méditativement les millésimes littéraires de plusieurs siècles. Et de temps en temps, une fois tous les deux ou trois ans, il jette sur les palissades de son parc un récit de ces dégustations tranquilles, un jugement porté sur sa bibliothèque, un livre rare et mûr. Une fois, ce sont d'éminents Victoriens ; le suivant, c'est la reine Victoria elle-même. Il nous offre aujourd'hui une collection diverse de *livres et de personnages*
.

Si Voltaire avait vécu jusqu'à l'âge de deux cent trente ans au lieu de se contenter de quatre-vingt-quatre ans, il aurait écrit sur l'époque victorienne, sur la vie et les lettres en général, à l'instar de M. Strachey. Ce bon sens lucide, cet esprit vif et éclairant qui nous ravissent dans les écrits du milieu du XVIIIe siècle, telles sont les caractéristiques de M. Strachey. On sait exactement ce qu'il aurait été s'il était venu au monde au début des années mille sept cents ; s'il est différent des hommes de cette époque, c'est qu'il est né vers la fin des années 1880.

La somme des connaissances dont disposaient les anciens encyclopédistes était singulièrement petite, comparée, c'est-à-dire, aux connaissances dont nous avons hérité au XXe siècle. Ils ont commis des erreurs et, dans leur ignorance, ils ont porté ce que nous pouvons voir comme des jugements hâtifs et très imparfaits sur les hommes et les choses. M. Strachey est un adulte du XVIIIe siècle ; c'est Voltaire à deux cent trente ans.

Voltaire, à soixante ans, aurait traité l'époque victorienne, si elle avait pu apparaître dans une vision prophétique sous ses yeux, en termes de « La Pucelle » – avec ridicule. Il aurait fallu qu'il soit beaucoup plus âgé en termes de connaissances et d'expérience avant de pouvoir l'aborder dans cet esprit d'ironie sympathique et de sympathie ironique que M. Strachey y apporte. M. Strachey nous fait ressembler à la vieille reine, tandis que nous lui sourions ; il nous fait admirer le prince consort malgré l'aplomb prodigieux — dûment insisté dans la biographie — qui accompagnait son intelligence. Malgré toute la barbarie sauvage de leurs idées, Gordon et Florence Nightingale nous sont présentés comme des figures sympathiques. Leur religion et leur éthique particulières peuvent paraître absurdes, mais leurs personnages se révèlent intéressants et raffinés.

Ce n'est que dans le cas du Dr Arnold que M. Strachey se permet d'être résolument voltairien ; il rajeunit de cent soixante-dix ans lorsqu'il décrit le fondateur du système scolaire public moderne. L'ironie de cette description n'est tempérée par aucune sympathie. Pour rendre l'homme encore plus ridicule, M. Strachey ajoute un trait ou deux au portrait de ses propres inventions, petites inventions qui approfondissent l'absurdité de la caricature. Ainsi, nous lisons que « l'apparence extérieure d'Arnold était l'indice de son caractère intérieur. Les jambes, peut-être, étaient plus courtes qu'elles n'auraient dû l'être ; mais la robuste silhouette athlétique, surtout lorsqu'elle était enveloppée (comme c'était habituellement le cas) dans les robes fluides d'un docteur en théologie, était pleine d'une vigueur imposante. Comme ces jambes courtes ont merveilleusement raison ! comme c'est artistiquement inévitable ! Notre admiration pour l'art de M. Strachey ne fait qu'augmenter lorsque nous découvrons qu'en attribuant au Docteur cette brièveté de la tige, il n'est justifié par aucun document contemporain. Les jambes courtes sont sa propre contribution.

Voltaire a donc, à deux cent trente ans, appris la sympathie. Il a appris qu'il existe d'autres façons d'envisager la vie que la manière raisonnable et sensée et que les personnes ayant une vision folle de l'univers ont le droit d'être jugées en tant qu'êtres humains et ne doivent pas être condamnées d'emblée comme des fous. ou obscurantistes. Blake et St. Francis ont autant droit à leur place au soleil que Gibbon et Hume. Mais malgré cette leçon apprise et héritée du XIXe siècle, notre Voltaire de onze-soixante ans montre encore une préférence marquée pour les Gibbons et les Humes ; il comprend toujours bien mieux leur attitude envers la vie que l'attitude de l'autre.

Dans son nouveau volume de *Books and Characters,* M. Strachey publie un essai sur Blake (écrit, peut-on ajouter entre parenthèses, il y a seize ans environ), dans lequel il entreprend très consciencieusement de rendre hommage à ce poète inquiétant. L'essai est intéressant, non pas parce qu'il contient quelque chose de particulièrement nouveau en termes de critique, mais parce qu'il révèle, malgré tous les efforts de M. Strachey pour le surmonter, malgré son admiration pour le grand artiste de Blake, son profond antagonisme. vers la vision de la vie de Blake.

Il ne peut pas avaler le mysticisme ; il a évidemment beaucoup de mal à comprendre ce que signifie réellement tout ce bruit autour de l'âme. L'homme qui croit au caractère absolu du bien et du mal, qui voit l'univers comme une entité spirituelle concernée, d'une manière transcendantale, par la moralité, l'homme qui considère l'esprit humain comme possédant une importance et une signification cosmiques - ah non, décidément. non, même à deux cent trente ans, Voltaire ne peut pas sympathiser de tout son cœur avec un tel homme.

Et c'est sans doute la raison pour laquelle M. Strachey a généralement hésité à aborder, dans ses biographies et ses critiques, aucun de ces personnages étranges et incompréhensibles. Blake est le seul sur qui il s'est essayé, et le résultat n'est pas entièrement satisfaisant. Il est plus à l'aise avec les Gibbons et les Humes de ce monde, et quand il ne discute pas des êtres raisonnables, il aime s'amuser avec les excentriques, comme M. Creevey ou Lady Hester Stanhope. Il laisse sévèrement seuls les mystiques prodigieux et redoutables.

On ne peut pas imaginer M. Strachey aux prises avec Dostoïevski ou avec l'un des autres grands explorateurs de l'âme. On ne l'imagine pas écrire une vie de Beethoven. Ces êtres immenses sont inquiétants pour un Voltaire qui a acquis assez de sympathie pour pouvoir reconnaître leur grandeur, mais dont le tempérament reste pourtant inaltérablement étranger. M. Strachey aurait intérêt à ne rien avoir à faire avec eux.

Les mystiques de second ordre (j'utilise le terme dans son sens le plus large et le plus vague), les hommes qui croient à la spiritualité de l'univers et aux dogmes plus étranges qui se sont enchevêtrés dans cette croyance, sans posséder le génie qui seul peut justifier de telles croyances. notions aux yeux des Voltairiens, voilà les objets sur lesquels M. Strachey aime à tourner son regard calme et pénétrant. Gordon et Florence Nightingale, le prince consort, Clough – eux et leurs croyances paraissent plutôt absurdes au moment où il en a fini avec eux. Il réduit leurs luttes spirituelles à une série de gymnastiques dans le vide des plus ridiculement futiles. Les hommes de génie qui ont traversé les mêmes luttes spirituelles, qui ont cru au même genre de croyances, ont eu la justification irréfutable de leur génie. Ce n'est pas le cas de ces pauvres créatures absurdes. Voltaire, au troisième siècle, leur accorde une certaine part de sa sympathie nouvellement érudite ; mais il leur donne aussi une assez forte dose de sa vieille ironie.

XXI
EDOUARD THOMAS [1]

La poésie d'Edward Thomas affecte autant moralement qu'esthétiquement et intellectuellement. Nous sommes devenus assez timides, à notre époque de pur esthétisme, pour parler de ces qualités consolantes ou fortifiantes de la poésie sur lesquelles les critiques d'une autre génération prenaient plaisir à s'attarder. La poésie de Thomas est fortifiante et consolante, non pas parce qu'elle justifie les voies de Dieu envers l'homme ou les murmures de retrouvailles au-delà de la tombe, non pas parce qu'elle présente de grandes vérités morales dans des numéros mémorables, mais d'une manière plus subtile et bien plus efficace. En se promenant dans les rues, ces nuits de septembre, on remarque, partout où il y a des arbres le long de la rue et des lampes près des arbres, un phénomène curieux et beau. La lumière des lampadaires qui éclairent les arbres a le pouvoir de rendre le feuillage crasseux, défraîchi et en lambeaux de l'automne, d'un vert éclatant et transparent. Dans le cercle magique de lumière, l'arbre semble se trouver à ce moment culminant du printemps, lorsque les feuilles sont complètement développées, mais toujours lumineuses de jeunesse et apparemment presque immatérielles dans leur légèreté. La poésie de Thomas est à l'esprit ce que la lumière transfigurante de la lampe est aux arbres fatigués. Sur les esprits fatigués au milieu de l'agitation intolérable et de l'aridité de l'existence salariée quotidienne, il tombe avec une touche de rajeunissement momentané.

Le secret de l'influence de Thomas réside dans le fait qu'il est véritablement ce que tant d'autres de notre époque prétendent être, de manière tout à fait injustifiée, un poète de la nature. Pour être poète de la nature, il ne suffit pas d'affirmer vaguement que Dieu a créé la campagne et l'homme la ville, il ne suffit pas de parler avec sympathie des objets ruraux familiers, il ne suffit pas d'être poétiquement sonore des montagnes et des arbres ; il ne suffit même pas de parler de ces choses avec la précision de la connaissance et de l'amour réels. Pour être un poète de la nature, un homme doit avoir ressenti profondément et intimement les émotions particulières que la nature peut inspirer, et doit être capable de les exprimer de telle manière que son lecteur les ressente. La vraie difficulté à laquelle est confronté le poète potentiel de la nature est que ces émotions sont de toutes les émotions les plus difficiles à cerner et à analyser, et les plus difficiles de toutes à transmettre. Dans « Octobre », Thomas décrit ce qui est sûrement l'émotion caractéristique induite par un contact avec la nature – une sorte de mélancolie exultante qui est l'approche la plus proche du bonheur tranquille et sans passion que l'âme puisse connaître. Le bonheur, quelle qu'en soit la nature, est extrêmement difficile à analyser et à décrire. On peut penser à une centaine de poèmes, de pièces de théâtre et de romans qui traitent de manière exhaustive de la douleur et de la misère, ou à un seul qui est une analyse et une description contagieuse du bonheur. La joie passionnée se retrouve plus facilement dans l'art ; c'est dramatique, défini avec véhémence. Mais un bonheur tranquille, qui est en même temps une sorte de mélancolie, voilà une émotion qui n'est inexprimable que par un esprit doué d'une diversité de qualités rarement combinées. Le poète qui veut chanter ce bonheur doit combiner une rare pénétration avec une rare candeur et honnêteté d'esprit. Un homme qui ressent une émotion très difficile à exprimer est souvent tenté de la décrire en termes de tout autre chose. Les poètes platoniciens éprouvent une émotion puissante lorsqu'ils sont confrontés à la beauté et, trouvant très difficile de dire précisément ce qu'est cette émotion en elle-même, ils se mettent à la décrire en termes de théologie qui n'ont rien à voir avec le sujet en question. . A la recherche d'une expression des émotions suscitées en lui par la contemplation de la nature, Wordsworth trébuche parfois, d'un air douteux, sur des chemins philosophiques qui sont au mieux parallèles à la voie directe qu'il recherche. Partout dans la littérature, cette difficulté à trouver une expression à toute émotion non dramatique et mal définie est constamment mise en évidence.

La limpide honnêteté d'esprit de Thomas le sauve de la tentation à laquelle succombent tant d'autres, celle d'exprimer une chose, parce qu'elle est difficilement descriptible, en termes d'autre chose. Il ne philosophe jamais les émotions qu'il éprouve en présence de la nature et de la beauté, mais les présente telles qu'elles sont, les transmettant directement à ses lecteurs sans l'intervention d'aucun médium obscur. Plutôt que de tenter d'expliquer l'émotion, de la rationaliser en quelque chose qu'elle n'est pas, il la présentera pour ce qu'elle est, un problème dont il ne connaît pas la solution. Dans « Larmes », nous avons un exemple de cet aveu franc d'ignorance :

Il semble que je n'ai plus de larmes. Ils auraient dû tomber...

Leurs fantômes, si les larmes ont des fantômes, sont tombés ce jour-là

Quand vingt chiens affluaient près de moi, pas encore peignés

Mais toujours tous égaux dans leur âge de bonheur

Sur l'odeur, j'en ai fait un, comme un grand dragon

Dans Blooming Meadow qui se penche vers le soleil

Et une fois j'ai porté du houblon : et cet autre jour

Quand je suis sorti de la tour à double ombre

Dans un matin d'avril, émouvant et doux

Et chaud. Il y avait une étrange solitude et un silence.

Un charme plus puissant que n'importe quel autre dans la Tour

Possédait la cour. Ils changeaient de garde,

Soldats en ligne, jeunes compatriotes anglais,

Blond et vermeil, en tunique blanche. Tambours

Et les fifres jouaient « The British Grenadiers ».

Les hommes, la musique perçant cette solitude

Et le silence m'a dit des vérités dont je n'avais pas rêvé,

Et ont oublié depuis que leur beauté est passée.

L'émotion est sans nom et indescriptible, mais le poète l'a ressentie intensément et nous l'a transmise à nous qui lisons son poème, pour que nous aussi la ressentions avec la même intensité. Différents aspects de cette même émotion sans nom de bonheur tranquille mêlé de mélancolie sont le thème de presque tous les poèmes de Thomas. Ils nous apportent précisément cette consolation et cette force que la campagne, la solitude et les loisirs apportent aux esprits de ceux qui ont longtemps été enfermés dans des villes peuplées, mais essentialisées et distillées sous forme d'art. Ils sont la lumière qui redonne de la jeunesse aux feuilles en lambeaux.

Il est inutile de dire grand-chose des qualités purement esthétiques de la poésie de Thomas. Il a conçu un vers curieusement dépouillé et franc pour exprimer avec toute la simplicité et la clarté possibles ses sensations et ses émotions *claires* . une poésie qui drogue ou enivre... Elle doit être lue lentement, aussi naturellement que s'il s'agissait de prose, sans emphase. Avec ce vers dépouillé, dépourvu de toute affectation, soit d'habileté, soit d'une trop grande simplicité, Thomas pouvait faire tout ce qu'il voulait. Voyez, par exemple, avec quelle luminosité et quelle précision extraordinaires il pouvait peindre un tableau :

Lichen, lierre et mousse

Gardez les arbres à feuilles persistantes

Ce peuple à moitié écorché et mourant,

Et les arbres morts à genoux

Dans le mercure et la mousse du chien :

Et la plaisanterie brillante du chardonneret tombe

Là-bas alors qu'il vole sur la cime des chardons.

La même précision lui a bien servi pour décrire l'interaction des émotions, comme dans « After you Speak » ou « Like the Touch of Rain ». Et avec ce vers, il pouvait également chanter les louanges de sa campagne anglaise et du caractère de ses habitants, comme le montre Lob-lie-by-the-fire :

Il est en Angleterre depuis aussi longtemps que Colombe et Daw,

Appelant le cerisier sauvage l'arbre joyeux,

La silène rose Bridget-dans-sa-bravoure ;

Et d'humeur tendre, il, comme je suppose,

Baptisé une fleur Amour-au-oisiveté....

XXII
UNE ANTHOLOGIE QUI VAUT UN MOT [2]

Considérer Wordsworth de manière critique et impersonnelle est pour certains d'entre nous une question plutôt difficile. Avec la désintégration des orthodoxies solides, Wordsworth est devenu pour de nombreuses familles intelligentes et à l'esprit libéral la Bible de cette sorte de panthéisme, de cette foi vague en l'existence d'un monde spirituel, qui remplissait, de manière quelque peu inadéquate, la place des dogmes plus anciens. Élevés enfants dans la tradition Wordsworthienne, on nous a appris à croire qu'une promenade dominicale parmi les collines équivalait en quelque sorte à aller à l'église : la Première Leçon devait être lue parmi les nuages, la Seconde dans les primevères ; les oiseaux et les eaux courantes chantaient des hymnes, et tout le paysage bleu prêchait un sermon « du mal moral et du bien ». De cette vague éducation religieuse, nous avons retiré une vénération peu éclairée pour le nom de Wordsworth, une conviction respectueuse de la spiritualité de la nature en général et une superstition extraordinaire à l'égard des montagnes en particulier - une superstition qui a duré au moins trois saisons. des Sports Alpins à se dissiper entièrement. Par conséquent, arrivés au stade de l'homme, lorsque nous en sommes venus à lire notre Wordsworth, nous avons trouvé extrêmement difficile d'apprécier sa grandeur, tant de voiles d'idées préconçues ont dû être écartés, tant de déviations invétérées de vision ont été autorisées. Cependant, il devint enfin possible de considérer Wordsworth comme un phénomène détaché dans le monde des idées et non comme faisant partie de la tradition familiale de l'enfance.

Comme beaucoup de philosophes, et en particulier les philosophes à la pensée mystique, Wordsworth a fondé sa philosophie sur ses émotions. La conversion des émotions en termes intellectuels est un processus qui s'est répété mille fois dans l'histoire de l'esprit humain. On ressent une émotion puissante devant une œuvre d'art, donc elle participe du divin, est une reconstruction de l'Idée dont l'objet naturel est un pauvre reflet. L'amour nous touche profondément, c'est pourquoi l'amour humain est une sorte d'amour divin. La nature sous ses différents aspects nous inspire la peur, la joie, le contentement, le désespoir, c'est pourquoi la nature est une âme qui exprime la colère, la sympathie, l'amour et la haine. On pourrait multiplier indéfiniment les exemples de la manière dont l'homme objective les royaumes des cieux et de l'enfer qui sont en lui. Le processus est souvent dangereux. Le mystique qui ressent en lui des émotions inénarrables ne se contente pas de ces émotions telles qu'elles le sont en elles-mêmes. Il lui semble nécessaire d'inventer toute une cosmogonie qui en rende compte. Pour lui, cette philosophie sera vraie dans la mesure où elle est une expression intellectuelle de ces émotions. Mais pour ceux qui ne connaissent pas directement ces émotions, cela sera tout simplement trompeur. Les émotions mystiques ont ce qu'on peut appeler une valeur de conduite ; ils permettent à l'homme qui les ressent de vivre sa vie avec une sérénité et une confiance inconnues des autres hommes. Mais les termes philosophiques dans lesquels ces émotions sont exprimées n'ont pas nécessairement de valeur de vérité. Cette philosophie mystique n'aura de valeur que dans la mesure où elle ravivera, dans l'esprit de ses étudiants, les émotions affectant la conduite qui lui ont donné naissance à l'origine. Acceptée à sa valeur intellectuelle nominale, une telle philosophie peut non seulement n'avoir aucune valeur ; cela peut être réellement nocif.

Dans ce volume magnifiquement imprimé, M. Cobden-Sanderson a rassemblé la plupart des passages de la poésie de Wordsworth qui possèdent le pouvoir de raviver les émotions qui les ont inspirés. Il est étonnant de constater qu'ils occupent la majeure partie de deux cent cinquante pages, et qu'il y ait encore beaucoup de poèmes – « Peter Bell », par exemple – qu'on aimerait voir inclus. « Le Prélude » et « Excursion » rendent un riche hommage à ce que nos ancêtres auraient appelé des « beautés ». Il y a ce passage étonnant dans lequel le poète décrit comment, enfant, il traversait le lac à la rame au clair de lune :

Et, alors que je me levais sur le coup, mon bateau

Je me suis lancé dans l'eau comme un cygne ;

Quand, derrière cette falaise escarpée, jusque-là

L'horizon est limité, un immense pic, noir et immense,

Comme avec un instinct de puissance volontaire,

Il releva la tête. J'ai frappé et frappé encore,

Et grandissant toujours en stature, la forme sinistre

S'élevant entre moi et les étoiles, et toujours,

Car ainsi semblait-il, avec un but qui lui est propre

Et un mouvement mesuré, comme un être vivant,

Il m'a suivi à grands pas.

Il y a l'histoire de cet autre moment effrayant où

J'ai entendu parmi les collines solitaires

De faibles respirations viennent après moi et des sons

D'un mouvement indiscernable, des pas

Presque aussi silencieux que le gazon qu'ils foulaient.

Et il y a d'autres passages qui racontent la nature sous des aspects moins horribles et menaçants, la nature qui apporte confort et forte sérénité. En les lisant, nous sommes capables dans une certaine mesure de vivre par nous-mêmes les émotions qui étaient celles de Wordsworth. Si nous pouvons ressentir ses « exaltations ténébreuses », nous avons tout ce que Wordsworth peut nous donner. Il n'est pas nécessaire de lire la théologie de sa mystique, l'explication panthéiste de ses émotions. Pour Peter Bell, une primevère au bord d'une rivière n'était qu'une primevère jaune. Sa beauté ne lui causait aucun sentiment. Mais on peut être ému à la vue de la primevère sans nécessairement penser, selon les mots de la préface de M. Cobden-Sanderson, à « la tendresse infinie de l'infiniment grand, de l'infiniment grand qui, du dehors de l'infini et au milieu de son propre tâches prodigieuses, se penche pour parsemer de soleil et de fleurs le chemin de l'homme, l'infiniment petit. C'est la théologie de notre émotion primevère. Mais c'est l'émotion elle-même qui est importante, pas la théologie. L'émotion a sa propre valeur de conduite puissante, tandis que la philosophie qui en dérive, étrangement anthropocentrique, ne possède, devrions-nous l'imaginer, qu'une valeur de vérité très minime.

XXIII
VERHAEREN

Verhaeren faisait partie de ces hommes qui ressentent toute leur vie « l'envie » (pour reprendre sa propre expression admirablement expressive), « l'envie de tailler en drapeaux l'étoffe de la vie ». Les choses de la vie peuvent être utilisées à des fins pires. Le découper en drapeaux est, en somme, plus admirable que le découper, dirons-nous, en cérémonies, ou en sacs d'argent, ou en sous-vêtements parisiens. Un drapeau est un objet courageux, joyeux et noble. Ce sont des qualités pour lesquelles on est prêt à pardonner au drapeau sa trop grande emphase, son manque de subtilité, sa touche d'enfantillage. On peut penser à un certain nombre d'écrivains qui ont traversé l'histoire littéraire comme une armée avec des bannières. Il y avait par exemple Victor Hugo, l'un des maîtres admirés de Verhaeren. Il y avait Balzac, dont les conceptions de la vie de Verhaeren ressemblaient curieusement sur certains points. Parmi les petits fabricants d'oriflammes, il y a notre propre M. Chesterton, avec son air héroïque d'être toujours sur le point de partir en croisade, glorieux de banderoles et monté sur un cheval à bascule.

Le fabricant de drapeaux est un homme énergique et doté d'une forte vitalité. Il aime imaginer que tout ce qui l'entoure est aussi grand, aussi plein de sève et aussi vigoureux qu'il se sent lui-même. Il décrit le monde comme un lieu où les couleurs sont fortes et contrastées, où un clair-obscur vigoureux ne laisse aucun doute sur la véritable nature de la lumière et des ténèbres, et où toute vie palpite, frémissante et tendue, comme une bannière au vent. Dès le début on retrouve chez Verhaeren toutes les caractéristiques du tailleur de banderoles. Dans son premier livre de vers, *Les Flamands* , on le voit déjà se délecter de vers tels que

Leurs deux poings monstrueux pataugeaient dans la pâte.

Déjà aussi, on le voit user abondamment – ou abusait-il ? – comme Victor Hugo l'avait fait avant lui, de mots comme « vaste », « énorme », « infini », « infiniment », « infinité », « univers ». Ainsi, dans « L'Ame de la Ville », il parle d'un viaduc « énorme » , d'un train « immense » , d'un soleil « monstrueux » , voire d'une atmosphère « énorme » . Pour Verhaeren, tous les chemins mènent à l'infini, où qu'il soit et quoi qu'il soit.

Les grandes routes tracent des croix

A l'infini, à travers bois;

Les grandes'routes tracent des croix lointaines

A l'infini, à travers les plaines.

L'infini fait partie de ces notions avec lesquelles il ne faut pas jouer à la légère. Les fabricants de drapeaux l'apprécient parce qu'il contraste si efficacement avec la finitude microscopique de l'homme. Des écrivains comme Hugo et Verhaeren parlent si souvent et si facilement de l'infini que cette idée n'a plus aucun sens dans leur poésie.

J'ai dit que, à certains égards, Verhaeren, dans sa vision de la vie, n'est pas sans rappeler Balzac. Cette ressemblance est particulièrement marquée dans certains poèmes de sa période intermédiaire, notamment ceux dans lesquels il traite d'aspects de la vie contemporaine. *Les Villes tentaculaires* contiennent des poèmes de conception entièrement balzacienne. Prenons par exemple la rhapsodie de Verhaeren à la Bourse :

Une fureur réenflammée

Au mirage du moindre espoir

Monte soudain de l'entonnoir

De bruit et de fumée,

Où l'on se bat, à coups de vols, en bas.

Langues sèches, regards aigus, gestes inverses,

Et cervelles, qu'en tourbillons les millions traversants,

Echangent là leur peur et leur terreur...

Aux fins de mois, quand les débâcles se décident

La mort les paraphe de suicides,

Mais au jour même aux heures blêmes,

Les volontés dans la fièvre revivifiante,

L'acharnement sournois

Reprend comme autrefois.

On ne peut lire ces lignes sans penser aux fiévreux faiseurs d'argent de Balzac, au baron de Nucingen, à Du Tillet, aux Keller et à tous les petits avares et usuriers, et à toutes leurs victimes. Avec leur enthousiasme surexcité et quelque peu mélodramatique, ils respirent l'esprit même du prodigieux scénario-cinéma de la vie de Balzac.

L'instinct de Verhaeren en matière de fabrication de drapeaux l'a amené à prendre un plaisir particulier à tout ce qui est plus que d'habitude grand et fatigant. Il exalte et magnifie la violence grossière de la paysannerie flamande, sa capacité presque infinie de se nourrir et de boire, son industrie, son animalité. Dans le plus pur style rooseveltien, il admirait l'énergie pour elle-même. Tous ses rythmes ébats lui étaient dictés par le besoin d'exprimer cette passion pour l'épuisant. Ses curieuses assonances et allitérations...

Luttent et s'entrebuttent en disputes—

naissent de ce même désir de retrouver le sens de la violence et de la vie immédiate.

Il est intéressant de comparer la violence et l'énergie de Verhaeren avec la violence d'un poète antérieur : Rimbaud, le garçon merveilleux, s'il en est un. Rimbaud a découpé l'essence de la vie en drapeaux, mais en drapeaux qui ne flottaient jamais sur cette terre. Sa violence pénétrait en quelque sorte au-delà des limites de la vie ordinaire. Dans certains de ses poèmes, Rimbaud semble en effet avoir atteint le but sans nom vers lequel il s'efforçait, d'être arrivé à ce monde d'une vigueur et d'une beauté spirituelles inouïes dont il ne peut décrire la nature que par une métaphore exclamative :

Millions d'oiseaux d'or, ô future vigueur !

Mais la vigueur de Verhaeren n'est jamais quelque chose d'aussi beau et spirituel que ce « million d'oiseaux d'or ». C'est simplement la vigueur et la violence de la vie ordinaire accélérées jusqu'à l'intensité du cinéma.

Il est à noter que Verhaeren était généralement à son meilleur lorsqu'il prenait des vacances en confectionnant et en agitant des drapeaux. Ses bucoliques flamandes et les poèmes d'amour *des Heures*, écrits pour la plupart sous forme traditionnelle, et pour la plupart plus courts et plus concentrés que ses poèmes de violence et d'énergie, restent la partie la plus émouvante de son œuvre. Très intéressants aussi sont les poèmes appartenant à cette première phase de doute et de dépression qui a vu la publication des *Débâcles* et *des Flambeaux Noirs*. L'énergie et la vie des livres ultérieurs sont là, mais en quelque sorte concentrées, préservées et intensifiées, parce que tournées vers l'intérieur sur elles-mêmes. De nombreux poèmes ultérieurs donnent l'impression qu'ils ont été écrits beaucoup trop facilement. Ceux-ci ont dû être amenés à la naissance de manière très douloureuse et laborieuse.

XXIV
ÉDOUARD LEAR

Il y a peu d'écrivains dont j'ai envie de lire les œuvres plus d'une fois, et l'un d'eux est certainement Edward Lear. L'absurdité, comme la poésie, à laquelle elle est étroitement liée, comme la spéculation philosophique, comme tout produit de l'imagination, est une affirmation de la liberté spirituelle de l'homme en dépit de toute l'oppression des circonstances. Tant qu'il reste possible à l'esprit humain d'inventer le Quangle Wangle et le Fimble Fowl, de se promener à volonté dans la Grande Plaine Gromboolienne et les collines du Cnankly Bore, la victoire est nôtre. L'existence du non-sens est la preuve la plus proche de cet article de foi indémontrable, dont nous devons tous assumer la vérité ou périr misérablement : que la vie vaut la peine d'être vécue. C'est lorsque les circonstances se combinent pour prouver, avec force syllogistique, que la vie ne vaut pas la peine d'être vécue, que je me tourne vers Lear et que je trouve réconfort et rafraîchissement. Je le lis et je m'aperçois que c'est une bonne chose d'être en vie ; car je suis libre, avec Lear, d'être aussi inconséquent que je le souhaite.

Lear est un véritable poète. Car qu'est-ce que ses absurdités, sinon l'imagination poétique un peu déviée de son cours ? Lear avait le sens du vrai poète pour les mots — les mots en eux-mêmes, précieux et mélodieux, comme des phrases musicales ; personnel en tant qu'êtres humains. Marlowe parle de divertir le divin Zénocrate ; Milton des feuilles qui tombent à Vallombrosa ; Lear du Fimble Fowl avec une cuisse en tire-bouchon, des cuillères runcibles, des choses mélodieuses et distinguées. Lewis Carroll a écrit des absurdités en exagérant le sens — une logique trop logique. Ses inventions de mots sont intellectuelles. Lear, plus typiquement un poète, a écrit des absurdités qui sont un excès d'imagination, a inventé des mots pour le seul bien de leur couleur et de leur son. C'est une absurdité plus pure, parce que plus poétique. Changez un peu la tonalité et le « Dong au nez lumineux » deviendra l'un des poèmes romantiques les plus mémorables du XIXe siècle. Pensez aussi à cet exquis « Yonghy Bonghy Bo » ! Dans l'un des derniers volumes de Tennyson, il y a de charmantes petites paroles sur Catulle, qui commencent :

Sortez-nous de Desenzano,

À votre rang Sirmione !

Alors ils ont ramé, et là nous avons atterri...

Ó venusta Sirmio !

Peut-on douter un instant qu'il pensait, en écrivant ces mots, à cette superbe strophe par laquelle s'ouvre le « Yonghy Bonghy » :

Sur la côte de Coromandel,

Où soufflent les premières citrouilles,

Au milieu des bois,

Habitait le Yonghy Bonghy Bo.

Personnellement, je préfère le poème de Lear ; c'est le plus riche et le plus complet des deux.

Le génie de Lear atteint son apogée dans les Nonsense Rhymes, ou Limericks, comme une génération ultérieure a appris à les appeler. Dans ceux-ci, j'aime à le considérer non seulement comme un poète et un dessinateur – et à quel point les récents efforts de M. Nash pour rivaliser avec lui ont seulement affirmé à quel point il était unique – mais aussi comme un profond philosophe social. Aucune étude de Lear ne serait complète sans au moins quelques remarques sur « Ils » des Nonsense Rhymes. « Ils » sont le monde, l'homme de la rue ; «Ils» sont ce que les grands auteurs de la presse à deux sous appelleraient tous les hommes et toutes les femmes bien pensants ; «Ils» sont l'opinion publique. Les Rimes absurdes ne sont, pour la plupart, ni plus ni moins que des épisodes choisis dans l'histoire de cette lutte éternelle entre le génie ou l'excentrique et ses semblables. L'opinion publique déteste universellement l'excentricité. Il y avait par exemple ce charmant Vieil Homme de Melrose qui marchait sur la pointe des pieds. Mais "Ils" ont dit (avec leur incapacité habituelle à apprécier l'artiste) : "Ce n'est pas agréable de te voir en ce moment, espèce de vieux stupide de Melrose." Parfois, lorsque l'excentrique se révèle être un génie criminel, « ils » ont sans aucun doute raison. Le Vieil Homme au Gong qui se cognait dessus à longueur de journée méritait d'être fracassé. (Mais « Ils » ont également écrasé un vieil homme tout à fait inoffensif de Whitehaven simplement pour avoir dansé un quadrille avec un corbeau.) Et il y avait ce vieil homme de Buda, dont la conduite devenait de plus en plus grossière ; «Ils» avaient raison, j'ose le dire, d'utiliser un marteau pour faire taire sa clameur. Mais cela pose toute la question de la punition et de la relation entre la société et l'individu.

Quand « ils » ne sont pas offensants, ils se contentent d'être bêtement curieux. Ainsi, « Ils » demandent au Vieil Homme du Wrekin si ses bottes sont en cuir. «Ils» harcèlent le Vieil Homme dans un Arbre avec des questions imbéciles sur l'Abeille qui l'ennuient si horriblement. Dans ces rencontres, les génies et les excentriques ont souvent raison du public grossier et lourd d'esprit. Le vieil homme d'affaires qui montait sur le dos d'un ours les a certainement battus. Car quand « Ils » demandaient : « Est-ce qu'il trotte ? Il a répondu : « Ce n'est pas le cas. » (La photo le montre galopant *ventre à terre* .) "C'est un ours Moppsikon Floppsikon." Parfois aussi, l'excentrique conduit « Eux » à leur déconvenue. On pense à ce Vieil Homme dans un Jardin, qui demandait toujours pardon à tout le monde. Quand « Ils » lui ont demandé : « Pourquoi ? » il a répondu: "Vous êtes ennuyeux et j'espère que vous sortirez de mon jardin." Mais « ils » ont probablement fini par l'écraser.

Parfois, les hommes de génie adoptent une politique mallarméenne. Ils fuient la foule grossière et assaillie.

La chair est triste, hélas, et j'ai lu tous les livres.

Fuir, là-bas, fuir....

C'est sûrement avec ces mots aux lèvres que le vieux Bazing (dont la présence d'esprit, tout en étant symboliste, était étonnante) sortit acheter le cheval qu'il montait à toute vitesse et échappa aux gens de Bazing. Il a choisi la meilleure part ; car il est presque impossible de plaire à la foule. Ses voisins de banlieue pensaient que le vieil homme d'Ealing était presque dépourvu de bons sentiments, car, s'il vous plaît, il conduisait un petit cabriolet avec trois hiboux et un cochon. Et il y avait ce pathétique vieillard des Thermopyles (pour lequel j'ai une sympathie particulière, car il me rappelle de façon si poignante ma personne) qui n'a jamais rien fait de bien. « Eux, dit-il, si vous choisissez de faire bouillir des œufs dans vos chaussures, vous ne resterez jamais aux Thermopyles. » Le genre de personnes qu'ils aiment faire les choses les plus stupides et avoir les réalisations les plus vulgaires. Sa connaissance avait coutume de parler en termes élogieux du vieil homme de Filey, car il dansait parfaitement au son d'une cloche. Et les habitants de Shoreham adoraient ce concitoyen dont les habitudes étaient marquées par le décorum et qui achetait un parapluie et s'asseyait dans la cave. Naturellement; il fallait s'y attendre.

XXV
SIR CHRISTOPHER WREN

Qu'un Anglais soit un très grand plasticien est toujours assez surprenant. C'est peut-être une simple question de hasard ; peut-être que cela a quelque chose à voir avec notre caractère national – si une telle chose existe réellement. Mais, quelle qu'en soit la cause, il n'en demeure pas moins que l'Angleterre a produit très peu d'artistes de première importance. La Renaissance, à mesure qu'elle se répandait, comme une merveilleuse maladie infectieuse de l'esprit, sur la face de l'Europe, se manifestait selon les pays par des symptômes différents. En Italie, son pays d'origine, la Renaissance fut avant tout un essor de la peinture, de l'architecture et de la sculpture. L'érudition et la réforme religieuse furent, en Allemagne, les manifestations typiques de la maladie. Mais lorsque cette magnifique rougeole spirituelle traverse la Manche, ses symptômes sont presque exclusivement littéraires. Le premier contact prémonitoire de l'infection en provenance d'Italie a « fait ressortir » Chaucer. Avec la prochaine crise de la maladie, l'Angleterre a produit les élisabéthains. Mais parmi tous ces poètes, il n'y avait pas un seul plasticien dont nous gardions en mémoire le nom.

Et puis, tout à coup, le XVIIe siècle donne naissance à deux artistes anglais de génie. Il a produit Inigo Jones et, un peu plus tard, Wren. Wren mourut à l'âge de plus de quatre-vingt-dix ans, au printemps 1723. Nous célébrons aujourd'hui son bicentenaire – le célébrant non seulement par des propos antiquaires et des appréciations savantes de son style, mais aussi (les signes ne manquent pas) de manière plus concrète et plus vivante : en s'intéressant de nouveau à l'art dont il était si grand maître et en revenant dans notre pratique à cette belle tradition qu'il a inaugurée avec son prédécesseur Inigo.

Une célébration d'anniversaire est un acte de ce que Wordsworth aurait appelé « la piété naturelle » ; un acte par lequel le passé est lié au présent et de la série vague et interminable des jours une unité unique, compréhensible et logique se crée dans notre esprit. À l'approche des centenaires, nous aimons nous souvenir des grands hommes du passé, non pas tant dans le cadre d'un exercice historique, mais pour voir précisément où, par rapport à leurs réalisations, nous en sommes à l'heure actuelle, afin que nous puissions évaluez la vie qui reste encore dans leur esprit et appliquez-nous la morale de leur exemple. Je n'ai pas l'intention dans cet article de donner une biographie de Wren, une liste de ses œuvres, ou un compte rendu technique de son style et de ses méthodes. Je propose de faire simplement décrire, dans les termes les plus généraux, la nature de sa réalisation et sa signification pour nous.

Wren était un bon architecte. Mais comme il est important de savoir précisément de quoi on parle, commençons par nous demander ce qu'est une bonne architecture. Descendant avec majesté de son Sinaï privé, M. Ruskin a dicté à toute une génération d'Anglais la loi esthétique. Sur des tables monolithiques que sont les Pierres de Venise, il écrit les grandes vérités qui lui ont été révélées. Voici l'un d'entre eux:

Il faut généralement remarquer que les proportions des bâtiments n'ont rien à voir avec le style ou la valeur générale de leur architecture. Un architecte formé dans les pires écoles et totalement dépourvu de tout sens ou but dans son travail, peut pourtant avoir un don naturel de regroupement et de regroupement tel qu'il rendra sa structure efficace lorsqu'elle est vue de loin.

Or, il faut généralement observer, comme il le dirait lui-même, que dans tout ce qui touche à l'art, Ruskin doit être interprété comme nous interprétons les rêves, c'est-à-dire comme signifiant précisément le contraire de ce qu'il dit. Ainsi, quand nous le voyons dire que la bonne architecture n'a rien à voir avec la proportion ou la disposition judicieuse des masses et que l'effet général ne compte pour rien du tout, nous pouvons considérer comme plus ou moins définitivement prouvé qu'une bonne architecture est en fait , presque entièrement une question de proportion et de masse, et que l'effet général de l'ensemble de l'œuvre compte pour presque tout. Interprétée selon cette méthode onirocritique simple, la déclaration pontificale de Ruskin peut être considérée comme expliquant brièvement et clairement les secrets d'une bonne architecture. C'est pourquoi j'ai choisi cette citation comme texte de mon discours sur Wren.

Car les qualités qui distinguent le plus évidemment l'œuvre de Wren sont précisément celles que Ruskin dénigre avec tant de mépris et que nous, par notre processus d'interprétation, avons distinguées comme étant des qualités essentiellement architecturales. Dans tout ce que Wren a conçu, je parle des œuvres de sa maturité ; car au début de sa carrière, il était encore un amateur inexpérimenté, et à la fin, bien que parfois encore merveilleusement réussi, un très vieil homme : nous voyons une proportion parfaite, un ensemble et un contraste de formes heureux. Il a conçu ses bâtiments comme des dessins tridimensionnels qui doivent être considérés, à tous points de vue, comme des ensembles harmonieusement proportionnés. (En ce qui concerne les extérieurs, cela n'est bien sûr vrai que pour les bâtiments visibles *de* tous les côtés. Comme tous les vrais architectes, Wren préférait construire dans des endroits où son travail pouvait être apprécié en trois dimensions. Mais il était également un merveilleux faiseur de façades ; témoin son portail du Middle Temple et ses maisons dans King's Bench Walk.) Il possédait au plus haut degré ce sens instinctif des proportions et de l'échelle qui lui permettait d'incarner sa conception dans la brique et la pierre. Dans son grand chef-d'œuvre de Saint-Paul, chaque partie du bâtiment, vue de l'intérieur ou de l'extérieur, semble entretenir une certaine relation satisfaisante et harmonieuse avec toutes les autres parties. Il en va de même pour les plus petites œuvres appartenant à la période de maturité de Wren. Sur une échelle plus petite et sur un plan différent, un bâtiment tel que Rochester Guildhall est aussi beau, parce qu'aussi harmonieux dans la relation de toutes ses parties, que Saint-Paul.

Je ne parlerai que brièvement des autres qualités purement architecturales de Wren. C'était d'abord un ingénieur aux ressources inépuisables ; quelqu'un sur qui on pouvait toujours compter pour trouver la meilleure solution possible à n'importe quel problème, depuis la destruction des ruines du vieux Saint-Paul jusqu'à la dotation du nouveau d'un dôme qui devrait être à la fois beau et parfaitement sûr. En tant que designer, il a fait preuve de la même ingéniosité pratique. Aucun architecte n'a su mettre autant en valeur un chantier difficile et des matériaux bon marché. L'homme qui a construit les églises de la ville était un génie pratique sans précédent. C'était aussi un artiste à l'esprit profondément original. Cette originalité se révèle dans la manière dont il combine les caractéristiques acceptées de l'architecture classique de la Renaissance dans de nouvelles conceptions entièrement anglaises et les siennes. Les clochers de ses églises de la Ville nous offrent un exemple évident de cette originalité. Son architecture domestique – cette merveilleuse application des principes classiques au meilleur de la tradition indigène – en est une autre.

Mais la qualité la plus caractéristique de Wren – celle qui donne à son œuvre, au-delà de sa pure beauté, son caractère et son charme particuliers – est une qualité plutôt morale qu'esthétique. À propos de l'hôpital de Chelsea, Carlyle a un jour fait remarquer que c'était « de toute évidence l'œuvre d'un gentleman ». Les mots sont éclairants. Tout ce que Wren a fait était l'œuvre d'un gentleman ; c'est le secret de son caractère particulier. Car Wren était un grand gentleman : quelqu'un qui valorisait la dignité et la retenue et qui, se respectant lui-même, respectait également l'humanité ; celui qui désirait que les hommes et les femmes vivent avec la dignité, voire la grandeur, qui sied à leur fier titre humain ; celui qui méprisait la méchanceté et la bizarrerie autant que l'ostentation vulgaire ; quelqu'un qui admirait la raison et l'ordre, qui se méfiait de toute extravagance et de tout excès. Un gentleman, le produit fini d'une civilisation ancienne et ordonnée.

Wren, le gentleman sobre et digne, se démarque le plus clairement lorsqu'on le compare à ses contemporains italiens. Les artistes baroques du XVIIe siècle s'intéressaient avant tout au nouveau, à l'étonnant, à l'étonnant ; ils recherchaient des grandeurs impossibles, des violences inouïes. Les idéaux architecturaux dont ils rêvaient étaient plus aptes à être incarnés dans du carton théâtral que dans la pierre. En effet, la fin du XVIIe et le début du XVIIIe siècle constituent l'âge d'or de la peinture de scènes en Italie. Les artistes qui ont peint les décors des opéras de Scarlatti aîné, les derniers Bibienas et Piranesis, ont été plus près d'atteindre l'idéal sauvage italien que de simples architectes comme Borromini ou le Bernin, dont l'imagination était à l'étroit dans l'entêtement de la pierre et les activités insomniaques de la gravitation. je pourrais espérer faire.

Comme la théâtralité baroque est très différente de la sobriété de Wren ! Wren était un maître du grand style ; mais il n'a jamais rêvé de construire uniquement pour l'effet. Il n'a jamais été théâtral ou voyant, jamais prétentieux ou vulgaire. Saint-Paul est un monument de tempérance et de chasteté. Son grand palais de Hampton Court n'est pas un décor criard pour la farce de la monarchie absolue. Il s'agit d'une maison de gentilhomme de campagne – plus spacieuse, bien sûr, avec des pièces plus majestueuses et des vues plus impressionnantes – mais néanmoins une maison destinée à être habitée par quelqu'un qui était à la fois un homme et un roi. Mais si ses palais auraient pu abriter, sans la moindre incongruité, un gentilhomme bien élevé, à l'inverse ses maisons communes étaient toujours assez dignes, si petites soient-elles, pour être des palais en miniature et des demeures de rois.

Au cours des deux cents ans qui se sont écoulés depuis sa mort, les successeurs de Wren se sont souvent éloignés, avec de tristes conséquences, de la tradition dont il était le fondateur. Ils ont oublié, dans leur architecture, l'art d'être des gentlemen. Infectés par une touche de *folie de grandeur baroque* , les architectes du XVIIIe siècle ont construit des maisons à l'imitation de Versailles et de Caserte – d'immenses salles de scène, toutes destinées au spectacle et à la magnificence et pratiquement impossibles à vivre.

Les architectes du XIXe siècle ont péché d'une manière diamétralement opposée : vers la méchanceté et la négation de l'art. Insensément préoccupés par les détails, ils ont créé l'architecture cauchemardesque des « fonctionnalités ». Le faux gothique du début de l'époque victorienne a cédé à la fin du siècle à l'affectation nauséabonde de la « fausse paysannerie ». Les grandes maisons étaient construites avec toute l'irrégularité et plus que le « pittoresque » des cottages ; les villas de banlieue prenaient la forme d'imitations fabriquées à la machine de la cabane du paysan Tudor. À toutes fins pratiques, l'architecture a cessé d'exister ; Ruskin avait triomphé.

Aujourd'hui, cependant, certains signes indiquent que l'architecture revient à cette tradition saine et digne dont Wren était le grand représentant. Les architectes construisent des maisons pour les messieurs. Espérons qu'ils continueront à le faire. Il peut y avoir des types d'hommes plus sublimes que le gentleman : il y a les saints, par exemple, et les grands enthousiastes dont les pensées et les actions font bouger le monde. Mais d'un point de vue pratique et dans une société civilisée et ordonnée, le gentleman reste après tout l'homme idéal. Les émotions religieuses les plus profondes ont été exprimées dans l'architecture gothique. Les ambitions et les aspirations humaines ont été reflétées de manière colossale par les Romains et les Italiens du baroque. Mais c'est en Angleterre que le juste milieu du raisonnable et de la décence — la philosophie pratique de l'homme civilisé — a reçu son expression la plus élégante et la plus digne. Le vieux monsieur décédé il y a deux cents ans a prêché sur le thème de la civilisation de nombreux sermons gravés dans la pierre. St. Paul's et Greenwich, Trinity Library et Hampton Court, Chelsea, Kilmainham, Blackheath et Rochester, St. Stephen's, Wallbrook et St. Mary Ab-church, l'orangerie de Kensington et la passerelle du Middle Temple - tels sont les titres de quelques-uns d'entre eux. Ils ont beaucoup à nous apprendre, si nous voulons les étudier.

XXVI
Ben Jonson [3]

Il est quelque peu surprenant de constater que la niche réservée à Ben Jonson dans la série « English Men of Letters » vient seulement d'être comblée. On s'attendait d'une manière ou d'une autre à ce qu'il soit parmi les premiers des grands à être consacrés ; mais non, il a dû attendre longtemps ; et Adam Smith, Sydney Smith, Hazlitt et Fanny Burney l'ont précédé dans le temple de la renommée. Mais maintenant, son monument est enfin réalisé, avec la version nuancée du professeur Gregory Smith de « O rare Ben Jonson ! dûment et définitivement gravé dessus.

Qu'est-ce qui nous fait, presque naturellement, compter Ben Jonson parmi les grands ? Pourquoi devrions-nous nous attendre à ce qu'il soit l'un des premiers candidats à l'immortalité, ou pourquoi, en fait, devrait-il être admis dans la série des « Hommes de lettres anglais » ? Ce sont des questions difficiles à répondre ; car lorsque nous réfléchissons à la question, nous nous trouvons incapables de donner un récit très élogieux de Ben ou de sa grandeur. Il est difficile de dire qu'on aime son travail ; on ne peut honnêtement pas le qualifier de bon poète ou de dramaturge suprême. Et pourtant, aussi antipathique qu'il soit, aussi inintéressant qu'il puisse être souvent, nous continuons à le respecter et à l'admirer, car, malgré tout, nous avons conscience, obscurément mais certainement, qu'il était un grand homme.

Il eut peu d'influence sur ses successeurs ; la comédie des humeurs mourut sans issue sinon avortée. Shadwell, le « Og au ventre montagnard, qui vient d'une taverne de trahison et qui rentre chez lui », n'est pas un disciple que n'importe quel homme serait très fier de revendiquer. Aucune histoire littéraire ne fera de Ben Jonson un grand fondateur d'école ou un inspirateur pour les autres. Sa grandeur est une grandeur de caractère. Il y a quelque chose de presque alarmant dans le spectacle de ce formidable personnage s'avançant avec une irrésistibilité de char vers le but qu'il s'était fixé. Aucune sirène d'amour ne peut le séduire, aucun choc d'opposition ne peut l'ébranler dans sa carrière. Il poursuit le chemin théoriquement tracé au début de sa vie littéraire, ne s'écartant jamais de cette voie étroite jusqu'à la fin, jusqu'au moment où, dans sa vieillesse, il écrivit cette exquise pastorale, *Le Triste Berger*, qui *est* si un déni complet et absolu de tous ses principes de toujours. Mais *Le Triste Berger* est une faiblesse, quoique triomphante. Ben, tel qu'il aimait se considérer, tel qu'il nous l'a révélé à maintes reprises, est l'artiste à principes, protestant contre l'absence anarchique de principes chez les génies et les charlatans, les poètes et les râleurs de son époque.

Le véritable artisan ne fuira pas la nature comme il en avait peur ; ou s'écarter de la vie et de la ressemblance de la vérité ; mais parlez à la capacité de ses auditeurs. Et bien que son langage diffère quelque peu du vulgaire, il ne s'éloignera pas de toute l'humanité, avec les Tamerlans et les Tamer-Chams de l'époque récente, qui n'avaient rien d'autre en eux que les pavanes scéniques et les vociférations furieuses pour les garantir aux ignorants bouche bée. Il sait que c'est son seul art, alors il doit le porter tel que seuls les artisans le perçoivent. En attendant, peut-être est-il traité de stérile, ennuyeux, maigre, de pauvre écrivain, ou par quel mot méprisant peut leur venir aux joues, par ces hommes qui, sans travail, sans jugement, sans connaissance, ou presque sans sens, sont reçus ou préférés devant lui.

Dans ces phrases tirées des *Découvertes* , Ben Jonson dresse son propre tableau – un portrait de l'artiste en véritable artisan – exposant, dans sa forme la plus générale et sans détails gênants sur les humeurs ou le but moral de l'art, sa propre théorie de l'art. la véritable fonction et la nature de l'artiste. La théorie de Jonson n'était pas une vaine spéculation, pas une simple question de mots et d'air, mais un credo, un principe, un impératif catégorique, conditionnant et informant l'ensemble de son œuvre. Toute étude du poète doit donc commencer par la formulation de sa théorie et doit se poursuivre, comme le fait effectivement l'excellent essai du professeur Gregory Smith, en montrant en détail comment la théorie a été appliquée et élaborée dans chaque composition individuelle.

On a dit, à un moment ou à un autre, bien des absurdités à propos des théories artistiques. On dit à l'artiste qu'il ne doit pas avoir de théories, qu'il doit gazouiller sauvagement les notes des bois indigènes, qu'il doit « chanter », être totalement spontané, qu'il doit affamer son cerveau et cultiver son cœur et sa rate ; qu'une théorie artistique restreint le style, bouche les hélicons de l'inspiration, etc., et ainsi de suite. La conception insensée et sentimentale de l'artiste, à laquelle ces doctrines anti-intellectuelles sont un corollaire, date de l'époque du romantisme et survit parmi les insensées et sentimentales d'aujourd'hui. Une théorie de l'art consciemment pratiquée n'a jamais gâté un bon artiste, n'a jamais endigué l'inspiration, mais au contraire, et dans la plupart des cas avec profit, l'a canalisée. Même les romantiques avaient des théories et étaient par principe sauvages et émotifs.

Les théories sont surtout nécessaires aux moments où les vieilles traditions se brisent, où tout est chaos et fluctuation. Dans de tels moments, un artiste formule sa théorie et s'y accroche contre vents et marées ; s'y accroche comme à un solide radeau de sécurité au milieu des troubles environnants. Ainsi, alors que le néoclassicisme, dont Ben était l'un des lointains ancêtres, s'effondrait dans le néant des *Amours des plantes* et *des Triomphes de l'humeur* , Wordsworth trouva son salut par la promulgation d'une nouvelle théorie de la poésie, qu'il mis en pratique systématiquement et au bord de l'absurdité dans *les Ballades Lyriques* . De même, dans le naufrage de l'ancienne tradition picturale, nous voyons les artistes d'aujourd'hui s'accrocher désespérément aux formules intellectuelles comme leur seul espoir dans le chaos. En fait, les seules occasions où l'artiste peut se permettre de se passer complètement de théorie se produisent dans les périodes où une tradition bien établie règne en maître et sans contestation. Et puis l'absence de théorie est plus apparente que réelle ; car la tradition dans laquelle il travaille est une théorie, formulée à l'origine par quelqu'un d'autre, qu'il accepte inconsciemment et comme si c'était la loi de la nature elle-même.

Le début du XVIIe siècle n'est pas une de ces périodes de placidité et d'acceptation sereine. C'était un moment de croissance et de décadence à la fois, de fermentation. La fabuleuse efflorescence de la Renaissance avait déjà pris de l'ampleur. Avec cette extravagance d'énergie qui les caractérisait en toutes choses, les Élisabéthains avaient exagéré les traditions de leur littérature jusqu'au manque de sincérité. Toutes les traditions artistiques finissent, avec le temps, par être réduites à l'absurde ; mais les Élisabéthains ont concentré la croissance et le déclin d'un siècle en quelques années. L'un après l'autre, ils transfigurèrent puis détruisirent toutes les espèces d'art qu'ils touchèrent. L'euphuisme, le pétrarchisme, le spensérisme, le sonnet, le drame, certains durent un peu plus longtemps que d'autres, mais ils finissent tous par exploser, ces belles bulles irisées gonflées trop grosses par l'enthousiasme de leurs créateurs.

Mais au milieu de cette luxuriance instable, des voix de protestation se faisaient entendre, des réactions contre le principal courant romantique étaient perceptibles. Chacun à sa manière et dans son domaine, Donne et Ben Jonson protestent contre les exagérations de l'époque. A l'époque où les sonnetaires en légions chicanaient sur la noirceur des yeux de leurs dames ou sur les fils d'or de leurs cheveux, où les platoniciens protestaient en chœur mélodieux qu'ils n'étaient pas amoureux du « rouge et blanc » mais de la beauté idéale et divine. dont les teints de fleurs de pêcher n'étaient que des ombres insuffisantes, à une époque où la poésie amoureuse était devenue, à de rares exceptions près, fantastiquement irréelle, Donne la rappelait, un peu grossièrement peut-être, aux faits avec cette remarque sèche :

L'amour n'est pas aussi pur et abstrait qu'ils l'utilisent

Dire, qui n'ont d'autre maîtresse que leur muse.

Il y a eu des poètes qui ont écrit avec plus de lyrisme que Donne, avec plus de ferveur sur certaines émotions amoureuses, mais aucun n'a formulé une philosophie aussi rationnelle de l'amour dans son ensemble, qui a vu tous les faits avec autant de clarté et les a jugés avec autant de justesse. Donne n'a posé aucune théorie littéraire. Ses partisans lui ont enlevé tout ce qui était relativement sans importance – la dureté, elle-même une protestation contre la facilité spenserienne, la vanité, la sensualité tempérée par le mysticisme – mais la qualité importante et originale de l'œuvre de Donne, le réalisme psychologique, ils ne pouvaient pas, par pure incapacité, transfert dans leur propre poésie. L'influence immédiate de Donne fut dans l'ensemble mauvaise. Toute influence positive qu'il a pu avoir s'est exercée sur des poètes bien plus tard.

L'autre grand protestant littéraire de l'époque était le curieux sujet de notre examen, Ben Jonson. Comme Donne, il était réaliste. Il n'avait aucune utilité pour les bêtises, les diatribes ou le romantisme. Son objectif était de donner à son public des faits réels agrémentés d'une bonne moralité. Il n'a pas été un grand réaliste, en partie parce qu'il lui manquait l'imagination nécessaire pour percevoir plus que la réalité la plus évidente et la plus superficielle, et en partie parce qu'il était tellement préoccupé par la bonne moralité qu'il était prêt à sacrifier la vérité à la satire ; de sorte qu'à la place des personnages, il nous donne des humeurs, non pas des esprits, mais des qualités morales personnifiées.

Ben détestait le romantisme ; car, quelles qu'aient pu être ses habitudes corporelles, si infinie que fût sa capacité à boire, il appartenait intellectuellement au parti de la sobriété. De tous temps, les ivrognes et les sobres se sont affrontés, chaque parti se moquant et condamnant haut et fort les défauts qu'il observe chez l'autre. « Les Tamerlans et les Tamer-Chams des derniers temps » accusent le sobre Ben d'être « stérile, ennuyeux, maigre, un pauvre écrivain ». Ben rétorque qu'ils « n'ont rien d'autre en eux que des pavanes scéniques et des vociférations furieuses pour les garantir aux ignorants bouche bée ». A une autre époque, ce sont les Hernanis et les Rollas qui reprochent à ce modèle de sécheresse, Stendhal, presque diaboliquement sobre, son style d'épicier. Stendhal remarque à son tour : « En paraissant, vers 1803, le *Génie* de Chateaubriand m'a été ridicule. » Et aujourd'hui? Nous avons nos sobres et nos ivrognes, notre Hardy et notre Belloc, notre Santayana et notre Chesterton. La distinction est éternellement valable. Nos sympathies personnelles peuvent aller vers l'un ou l'autre ; mais il est évident que nous ne pourrions nous passer de ni l'un ni l'autre. Ben était donc l'un des sobres, protestant avec force et force contre le comportement extravagant des ivrognes, un intellectuel insistant sur le fait qu'il n'y avait aucun moyen d'arriver à la vérité autrement que par des processus intellectuels, une apothéose de l'homme simple déterminé à résister à tout. des bêtises sur quoi que ce soit. La réalisation poétique de Ben, telle qu'elle est, est l'œuvre de quelqu'un qui ne s'est appuyé sur aucune inspiration mystérieuse, mais sur ces solides qualités de sens, de persévérance et de bon jugement que l'on peut attendre de tout citoyen honnête d'un pays décent. Qu'il possédait lui-même, cachées quelque part dans les cryptes obscures et les recoins de son esprit, d'autres qualités spirituelles plus rares est prouvé par l'existence de ses ajouts à *La Tragédie espagnole* - si, en effet, ce sont les siens, ce dont il n'y a aucune raison convaincante de douter. -et son dernier fragment d'un chef-d'œuvre, *The Sad Shepherd* . Mais ces qualités, comme le souligne le professeur Gregory Smith, il semble les avoir délibérément supprimées ; au gré de sa théorie impérieuse, ils les enfermèrent dans les lieux étranges et obscurs d'où ils surgirent au début et à la fin de sa carrière. Il aurait pu être un grand romantique, un de ces soûls sublimes ; il a choisi d'être plutôt classique et sobre. Travaillant uniquement avec l'intellect logique et rejetant comme dangereux l'aide de ces éléments illogiques incontrôlés de l'imagination, il a produit une œuvre qui est à sa manière excellente. Il est bien conçu, fort, lourd d'apprentissage et ce que les Chauceriens appelleraient une « peine élevée ». L'intensité émotionnelle et la brièveté mises à part, il possède toutes les qualités du drame classique français. Mais la qualité qui caractérise la meilleure poésie élisabéthaine et même la meilleure anglaise de toutes les périodes, le pouvoir de se mouvoir dans deux mondes à la fois, lui manque. Jonson, comme les dramaturges français du XVIIe siècle, avance sur un plan, directement vers un but logique. La route sur laquelle nous emmènent ses grands contemporains n'est pas plate ; il est pour ainsi dire incliné et inégal, de sorte qu'à mesure que nous avançons dessus, nous sommes momentanément projetés sur une tangente de la terre solide de la signification logique vers des régions supérieures où les lois intellectuelles de la gravité n'ont aucun contrôle. L'erreur de Jonson et des classiques en général consiste à supposer que rien n'a de valeur qui ne soit susceptible d'une analyse logique ; alors que la vérité est que les plus grands triomphes de l'art ont lieu dans un monde qui n'est pas entièrement celui de l'intellect, mais qui se situe quelque part entre celui-ci et l'inénarrable, mais, pour ceux qui l'ont pénétré, le monde suprêmement réel, du mystique. Dans sa peur et son aversion pour les absurdités, Jonson s'est éloigné non seulement des Tamer-Chams et de la futaine de l'époque tardive, mais aussi de la plupart de la beauté qu'ils avaient créée.

Avec les émotions romantiques de ses prédécesseurs et contemporains, Jonson abandonna une grande partie de la forme typiquement élisabéthaine de leur poésie. Cette mélodie extraordinaire qui distingue les paroles élisabéthaines ne se retrouve dans aucun des écrits de Ben. Les poèmes par lesquels nous nous souvenons de lui – « Cynthia », « Bois à moi seulement », « Il ne pousse pas comme un arbre » – sont classiquement bien faits (même si les paroliers cavaliers devaient faire mieux dans le même style) ; mais ce n'est pas pour des qualités musicales qu'on s'en souvient. On peut comprendre le mépris critique de Ben pour ces dispositifs purement formels destinés à produire une richesse musicale dont se réjouissaient les élisabéthains.

Yeux, pourquoi m'as-tu apporté ces grâces,

Graciée de produire des merveilles à sa vraie mesure,

Mesure du séjour de toutes les joies aux traces de phansie

Module de plaisir.

Le dispositif est enfantin dans sa formalité, les mots, dans leur obscurité, presque dénués de signification. Mais qu'importe, puisque la strophe est un triomphe de la beauté sonore ? Les Élisabéthains ont conçu de nombreuses ingéniosités de ce genre ; les poètes mineurs les exploitèrent jusqu'à en devenir ridicules ; les grands poètes les employèrent avec plus de discrétion, jouant de subtiles variations (comme dans les sonnets de Shakespeare) sur le thème brut. Lorsque les écrivains avaient quelque chose à dire, leurs pensées, versées dans ces formes copieusement élaborées, étaient façonnées à la plus grande éloquence poétique. Un poète mineur, comme Lord Brooke, dont nous venons de citer un échantillon de pur formalisme, pourrait produire, dans ses moments d'inspiration, des vers aussi magnifiques que :

L'esprit de l'Homme est la véritable dimension de ce monde,

Et la connaissance est la mesure de l'esprit ;

ou ceux-ci, de l'enfer le plus profond :

Un endroit où aucun centre n'est placé,

Profondément sous les profondeurs, aussi loin que le ciel

Au-dessus de la terre ; sombre, infiniment espacé :

Pluton le roi, le royaume, la misère.

Même dans la poésie comique, les élisabéthains ont importé la grande manière. L'auteur anonyme de

Tee-hee, tee-hee ! Oh doux délice

Il chatouille cet âge, qui peut

Appelez le singe de Tullia une marmosite

Et l'oie de Léda est un cygne,

Il connaissait le secret de cette musique riche et facile que pouvaient produire tous ceux qui écrivaient dans la grande tradition élisabéthaine. Jonson, comme Donne, a réagi contre la facilité et la richesse de cette technique, mais d'une manière différente. La protestation de Donne a pris la forme d'une subtilité de pensée vaniteuse combinée à une dureté de mesure. La formation classique de Jonson l'incline vers la clarté, la solidité des sens et l'économie des formes. Il se situe, en tant que parolier, à mi-chemin entre les élisabéthains et les auteurs-compositeurs cavaliers ; il s'est séparé de l'ancienne tradition, mais ne s'est pas encore tout à fait à l'aise dans la nouvelle. Au mieux, il atteint une légère perfection de précision et de netteté. Au pire, il tombe dans cette sécheresse et cette morosité qu'il savait qu'on pouvait lui reprocher.

Nous avons vu dans le passage concernant le véritable artisan que Jonson était pleinement conscient du risque qu'il courait. Il revient plus d'une fois dans *Découvertes* sur le même thème : « Certains hommes, pour éviter la redondance, se heurtent à cela [un style « maigre, en déclin, pauvre, affamé »] ; et tandis qu'ils s'efforcent de ne pas avoir de sang ni de jus, ils perdent leur bien. Le bien que Jonson a perdu était grand. Et de la même manière, nous voyons aujourd'hui comment la peur de devenir sentimental, ou « chocolat-boxy », pousse de nombreux jeunes poètes et artistes à hésiter à traiter des grandes émotions ou de l'évidente beauté somptueuse de la terre. Mais éviter un bien parce que sa corruption est très mauvaise est sûrement un signe de faiblesse et une folie.

Ayant perdu le royaume de la beauté romantique – délibérément et délibérément – Ben Jonson a consacré toute son immense énergie à décrire et à réformer le monde laid des faits. Mais ses intentions satiriques réformatrices interférèrent, comme nous l'avons déjà montré, avec ses intentions réalistes, et au lieu de recréer dans son art le monde réel des hommes, il inventa l'univers tout intellectuel et donc tout irréel des Humours. C'est un nouveau monde étrange, amusant à regarder depuis la distance de sécurité qui sépare la scène des stands ; mais ce n'est pas un endroit où l'on pourrait jamais souhaiter vivre : ses voisins, ses imbéciles, ses fripons, ses hypocrites et ses ours rendraient intolérable la perspective la plus agréable. Et par-dessus tout se diffuse l'atmosphère de l'humour de Jonson. C'est une sorte d'humour curieux, très différent de tout ce qui porte aujourd'hui ce nom, de l'humour de *Punch* ou *d'Un baiser pour Cendrillon* . Il suffit de lire *Volpone* — ou, mieux encore, d'aller le voir lorsqu'il est joué cette année par la Société Phœnix de reprise de pièces anciennes — pour se rendre compte que la conception de Ben de la plaisanterie diffère sensiblement de la nôtre. L'humour n'a plus jamais été le même depuis que Rousseau a inventé l'humanitarisme. La syphilis et les jambes cassées étaient encore bien plus comiques à l'époque de Smollett qu'à la nôtre. Il y a une cruauté, une cruauté dans une grande partie de l'humour plus ancien qui est parfois choquant, parfois, dans ses formes moins extrêmes, agréablement astringent et stimulant après les orgies de pathétique suranné et de comédie sentimentale auxquelles nous sommes aujourd'hui obligés de nous livrer. Il n'y a pas une ligne pathétique chez *Volpone* ; tous les personnages sont profondément désagréables et le plaisir est presque aussi sombre que le plaisir peut l'être. Son manque de cœur n'est pas celui brillant et cynique de la comédie ultérieure de la Restauration, mais quelque chose de lourd et de vaste. Cela nous rappelle une de ces énormes et douloureuses plaisanteries que le destin joue parfois à l'humanité. Il n'y a aucun soulagement, aucune purge par la pitié et la terreur. Il faut un sens de l'humour très copieux pour le digérer. Nous avons des raisons d'admirer nos ancêtres pour leur capacité à apprécier ce genre de comédie comme il se doit. Le public londonien d'aujourd'hui n'apprécierait que très peu ce film.

Dans les autres comédies, le plaisir n'est pas si sinistre ; mais il y a dans chacun d'eux une certaine dureté et brutalité – due, bien entendu, au fait que les personnages ne sont pas des humains, mais plutôt des marionnettes de bois et de métal qui s'entrechoquent et se harcèlent, comme les féroces marionnettes du Punch et du Judy show, sans ressentir la pénibilité de la procédure. La comédie de Shakespeare n'est pas sans cœur, car les personnages sont humains et sensibles. Notre sentimentalité moderne est une corruption, un adoucissement de la véritable humanité. Il nous faudrait encore quelques Jonson et Congreves, encore quelques pièces comme *Volpone* , ou cet inimitable *Mariage à la Mode* de Dryden, dans lequel le rideau se lève sur une dame chantant la chanson outrageusement cynique qui commence :

Pourquoi un mariage insensé devrait-il faire un vœu,

Cela a été fait il y a longtemps,

Contraint-nous les uns aux autres maintenant

Quand le plaisir est pourri ?

Trop de cruauté est intolérable (comme on se détourne vite, révolté, de la littérature de la Restauration !), mais un peu de temps en temps est vivifiant, tonique pour les sensibilités détendues. Un petit rire impitoyable purifie l'air comme rien d'autre ne peut le faire ; il est bon pour nous, de temps en temps, de voir nos idéaux ridiculisés, notre conception de la noblesse caricaturée ; il est bon que le nez de la solennité soit déformé, il est bon que la pompe humaine soit rendue mesquine et ridicule. Ce devrait être la grande fonction sociale, comme Marinetti l'a souligné, des music-halls, de fournir ce rire cruel et impitoyable, de faire une bouffonnerie de toutes les grandeurs et noblesses solennellement acceptées. Une bonne dose de cette moquerie, administrée deux fois par an aux équinoxes, devrait purger notre esprit de beaucoup de déchets, rendre notre esprit plus agile et éclaircir l'œil pour qu'il regarde plus clairement et plus sincèrement le monde qui nous entoure.

La réduction par Ben des êtres humains à une série d'humeurs plutôt désagréables est saine et médicinale. Bien entendu, les humeurs n'existent pas dans la réalité ; ils ne sont vrais que comme les caricatures sont vraies. Il y a des moments où l'on se demande si une caricature n'est pas, après tout, plus vraie qu'une photographie ; il y en a d'autres où cela semble être un mensonge stupide. Mais toujours une caricature est inquiétante ; et il est très bon pour la plupart d'entre nous d'être mal à l'aise.

XXVII
CHAUCEUR

Il y a peu de choses plus mélancoliques que le spectacle de la fossilisation littéraire. Un grand écrivain naît, vit, travaille et meurt. Le temps passe ; année après année, le sédiment de commentaires et de critiques boueux s'épaissit autour des os du grand homme. Le sédiment durcit; ce qui était autrefois un organisme vivant devient un objet de marbre. Parvenu à la fossilisation totale, le grand homme est devenu un classique. Il devient de plus en plus difficile pour les membres de chaque génération successive de se rappeler que les objets de pierre qui remplissent les vitrines des musées étaient autrefois vivants. Reconstruire l'animal vivant à partir de la forme fossile représente souvent un travail considérable. Mais la peine en vaut généralement la peine. Et cela ne vaut en aucun cas plus la peine que chez Chaucer.

Chez Chaucer, le processus ordinaire de fossilisation, auquel est soumis tout auteur classique, a été compliqué par la pétrification de son langage. Cinq cents ans ont presque suffi pour que le poète le plus vivant se substitue, dans les écoles modernes, à la gymnastique mentale du latin et du grec. Prophétiquement, Chaucer a vu le sort qui l'attendait et a fait appel de sa condamnation :

Vous savez que la forme du discours est un changement

Dans un délai de mille ans, et les mots restent

Ce prix inimaginable, je me demande maintenant ce qui est agréable et étrange

Nous les pensons ; et pourtant ils leur parlaient ainsi,

Et aussi vite amoureux que les hommes le font maintenant.

Le corps de sa poésie a peut-être vieilli, mais son esprit est encore jeune et immortel. Pour connaître cet esprit — et ne pas le connaître, c'est ignorer quelque chose qui est d'une importance unique dans l'histoire de notre littérature — il faut faire l'effort de se familiariser avec le corps qu'il informe et donne vie. La langue et la versification antiques, si « merveilleuses et étranges » à nos oreilles, sont des obstacles sur le chemin de la plupart de ceux qui lisent pour le plaisir (non pas qu'un lecteur digne de ce nom lise pour autre chose que pour le plaisir) ; pour les pédants, ils sont une fin en soi. Leur carcasse est à eux, mais pas leur âme. Entre ceux qui sont intimidés par ses difficultés superficielles et ceux qui s'en réjouissent trop, Chaucer ne trouve que peu de lecteurs sympathiques. J'espère dans ces pages pouvoir donner quelques-unes des raisons qui font que Chaucer mérite si bien d'être lu.

L'art de Chaucer est, par son ampleur et son objectivité, extrêmement difficile à soumettre à une analyse critique. Confronté à cela, Dryden ne pouvait que s'exclamer : « Voici l'abondance de Dieu ! » – et cette exclamation s'avère, en fin de compte, être la plus adéquate et la plus satisfaisante de toutes les critiques. Tout ce que le critique peut espérer, c'est développer et illustrer la brièveté exemplaire de Dryden.

« Dieu est en abondance ! » : l'expression est particulièrement heureuse. Il évoque une vision de la terre prodigue, des champs de récolte, d'innombrables bêtes et oiseaux, d'une vie foisonnante. Et c'est au cœur de ce monde vivant et matériel qu'est la Nature que vit Chaucer. Il est le poète de la terre, suprêmement content de marcher, ne désirant pas d'ailes. De nombreux poètes anglais ont aimé la terre pour quelque chose – un rêve, une réalité, appelez-la comme vous voulez – qui se cache derrière elle. Mais rares sont ceux, et à l'exception de Chaucer, aucun grand poète, qui ont été amoureux de la terre pour elle-même, de la nature au sens de quelque chose d'inévitablement matériel, de quelque chose qui est à l'opposé du surnaturel. Suprême sur tout dans ce monde, il voit l'ordre naturel, la « loi du genre », comme il l'appelle. Les enseignements de la plupart des grands prophètes et poètes ne sont que des protestations contre la loi du genre. Chaucer ne proteste pas, il accepte. C'est précisément cette acceptation qui le rend unique parmi les poètes anglais. Il ne considère pas la nature comme le symbole d'une réalité spirituelle ultérieure ; les collines, les fleurs, la mer et les nuages ne sont pas pour lui des transparences à travers lesquelles sont visibles les rouages d'une grande âme. Non, ils sont opaques ; il les aime pour ce qu'elles sont, des choses agréables et belles, et non moins délicieuses parce qu'elles sont définitivement terrestres. De la même manière, il prend les êtres humains comme il les trouve, nobles et bestiaux, mais, dans l'ensemble, merveilleusement décents. Il n'a rien de ce fort parti pris éthique que l'on retrouve habituellement dans l'esprit anglais. Il n'est pas horrifié par le comportement de ses semblables et il n'a aucune envie de les réformer. Leurs personnages, leurs motivations l'intéressent et il les regarde, spectateur heureux. Cette sérénité du détachement, cette acceptation placide des choses et des gens tels qu'ils sont, est soulignée si l'on compare la poésie de Chaucer avec celle de son contemporain Langland, ou de celui qui a écrit Piers *Ploughman* .

Les historiens nous disent que les dernières années du XIVe siècle furent parmi les périodes les plus désagréables de notre histoire nationale. La prospérité anglaise était au plus bas. La peste noire a exterminé près d'un tiers de la population ouvrière des îles, un fait qui, aggravé par la législation frénétique du gouvernement, a conduit à des troubles ouvriers sans précédent qui ont abouti à la révolte des paysans. La corruption cléricale et l'anarchie étaient monnaie courante. Tout bien considéré, même notre époque est préférable à celle dans laquelle Chaucer a vécu. Langland n'épargne pas la dénonciation ; il est consterné par la méchanceté qui l'entoure, scandalisé par les vices ouvertement avoués qui ont presque cessé de payer à la vertu le tribut de l'hypocrisie. L'indignation est l'inspiration de *Piers Ploughman*, la juste indignation du prophète. Mais à lire Chaucer, on pourrait imaginer qu'il n'y avait pas de quoi s'indigner dans l'Angleterre du XIVe siècle. Il est vrai que le Pardoner, le Frère, le Shipman, le Miller et, en fait, la plupart des pèlerins de Cantorbéry sont des fripons et des scélérats ; mais ce sont aussi de « joyeuses prostituées ». Il est vrai que le moine préfère chasser à la prière, que, dans ces derniers temps où les fées ne sont plus, « il n'y a d'autre incube » que le moine, que « cette bourse est l'enfer de l'archidiacre », et l'invocateur un scélérat de l'archidiacre. première grandeur; mais Chaucer ne peut considérer ces choses que comme avant tout humoristiques. Le fait que les gens ne mettent pas en pratique ce qu'ils prêchent est pour lui une source d'amusement sans faille. Là où Langland crie de colère, menaçant le monde du feu de l'enfer, Chaucer regarde et sourit. À la grande crise politique de son temps, il ne fait qu'une seule référence, et celle-là est comique :

Tant la noyse était hideuse, ah *benedicite* !

Certes lui Jakke Straw, et son meyné,

Ne maden schoutes n'est jamais à moitié aussi schrille,

Quand ils veulent tuer Flemyng,

Comme le jour était fou sur le renard.

Les paysans peuvent se révolter, les prêtres rompre leurs vœux, les avocats mentir et tricher, et le monde en général se livrer à ses appétits sensuels ; pourquoi essayer de les empêcher, pourquoi protester ? Après tout, ils sont tous simplement naturels, ils suivent tous la loi du genre. Un homme raisonnable, comme lui, « fuit les lieux et demeure en toute tranquillité ». Mais les hommes raisonnables sont peu nombreux, et c'est la nature des êtres humains d'être le jeu déraisonnable de l'instinct et de la passion, tout comme c'est la nature de la marguerite d'ouvrir les yeux sur le soleil et du chardonneret d'être un esprit vif et " créature gaylard. La loi du genre a toujours et en tout dominé ; il n'y a pas de nature frottant les cheveux. Pour

Dieu, c'est ce qu'il se passe, personne ne peut l'embrasser

Quant à détruire une chose, quelle nature

S'est naturellement installé dans une créature.

Prenez n'importe quelle épouse et mettez-la dans une cage,

Et fais toute ton entente et ton corrage

Pour l'agrémenter tendrement de viandes et de drynke,

Et avec tous les deyntees dont tu peux te souvenir,

Et garde tout cela aussi gentiment que tu peux ;

Bien que sa cage d'or ne soit jamais aussi gaie,

Pourtant cette bride, multipliée par vingt mille,

Lever dans une forêt sauvage et froide,

Gon ete wormes, et autres épaves ;

Pour toujours, cette mariée s'occupera de ses affaires

S'échapper de sa cage quand il le peut ;

Sa liberté, la mariée la désire oui...

Voici, il a connu sa domination,

Et l'appétit flemeth (bannit) le discernement.

Aussi une louve a une vilayne kynde,

Le loup le plus large qu'elle puisse trouver,

Ou le moins de réputation, il le prendra,

Au moment où son désir d'avoir une marque.

Tout cela résume ce que me disent ces hommes

Cela n'est pas possible, et rien n'est fait par les femmes.

(Comme l'histoire à partir de laquelle ces lignes sont citées concerne une épouse infidèle, il semble qu'en immunisant le sexe féminin de l'action de la loi du genre, Chaucer se livre un peu à l'ironie.)

Pour les hommes, il n'y a jamais eu d'appétit réglisse

Sur la chose inférieure pour parformer son délit

Que sur ses épouses, ben elles ne sont jamais aussi belles,

Ne jamais si trewe, ne si débonnaire.

La nature, aussi déplorables que puissent être certaines de ses manifestations, doit toujours et inévitablement s'affirmer. La loi du genre a du pouvoir même sur les âmes immortelles. Ce fait est à l'origine de l'aversion constamment exprimée du poète pour le célibat et l'ascétisme. La doctrine qui soutient la supériorité de l'état de virginité sur celui du mariage est d'abord (il soutient) un danger pour la race. Cela encourage un processus qu'il est permis d'appeler dysgénique : la perpétuation de l'espèce par les pires membres. Les paroles de l'hôte au moine sont mémorables :

Allas! pourquoi portes-tu une chape si large ?

Dieu me donne du chagrin ! et j'étais pape

Rien seulement toi, mais tout homme puissant,

Bien qu'il ait été brodé sur sa poêle (tête)

Devrait avoir une femme ; car tout ce monde est perdu ;

La religion a pris tout le maïs

De tredyng, et nous burel (humbles) hommes ben crevettes ;

Des arbres faibles viennent des impes naufragés.

Cela fait que nos héritiers sont si minces

Et faible, afin qu'ils ne puissent pas engendrer.

Mais ce n'est pas seulement dangereux ; c'est anti-naturel. C'est le thème du prologue de la Femme de Bath. Les conseils de perfection sont tous très bons lorsqu'ils sont donnés à ceux

Ce monde vit parfaitement ;

Mais, seigneurs, par votre permission, ce n'est pas moi.

La plupart d'entre nous doivent vivre selon la loi du genre.

Il est caractéristique de la conception du monde de Chaucer que le plus grand éloge qu'il puisse accorder à quelque chose est d'affirmer qu'il possède au plus haut degré les qualités de son espèce particulière. Ainsi de Cressida il dit :

Elle n'était pas du moindre de sa stature,

Mais tous ses membres répondent si bien

Était-ce à la féminité, cette créature

Nas n'a jamais été moins viril en apparence.

Le cheval d'airain dans *Squire's Tale* est

Si bien proportionné pour être fort,

Comme un cheval de Lombardie,

À cela, si *chevalin* et si vif d'œil.

Tout ce qui est parfait en son genre est admirable, même si ce genre n'est pas exalté. C'est, par exemple, une joie de voir à quel point le Canon transpire :

Une feuille de cloote (feuille de quai) qu'il avait sous son capot

Pour transpirer et pour garder sa tête de la chaleur.

Mais c'était une joie de le voir transpirer ;

Son front s'abaissa comme un alambic

Étaient pleins de plantain ou de péritorie.

Le Canon est suprême dans la catégorie des pulls, type et idée même de l'humanité en sueur ; c'est pourquoi il est admirable et joyeux à voir, même comme un cheval suprêmement cheval ou comme une femme moins virile que tout ce qu'on pourrait imaginer. De la même manière, c'est un plaisir de voir le Pardonneur prêcher au peuple. En soi, son charlatanisme est parfait et mérite l'admiration :

Mes mains et ma langue vont tellement yerne,

Que c'est joyeux de voir mon activité.

Cette manière de dire les choses qu'elles sont joyeuses, ou, bien souvent, célestes, est typique de Chaucer. Il regarde le monde avec un plaisir qui ne vieillit ni ne se lasse jamais. Les images et les sons de la vie quotidienne, toute la somptueuse beauté de la terre le remplissent d'un plaisir qu'il ne peut exprimer qu'en l'appelant une « joie » ou un « paradis ». C'était « une joie de voir » Cressida et ses jeunes filles jouer ensemble ; et

Donc aungellyke était sa beauté natale

Qu'elle semblait immortelle,

Tout comme une créature céleste parfaite.

Le paon a des plumes d'ange ; la voix d'une fille est paradisiaque à entendre :

Antigone la shene

Gan sur une chanson troyenne pour chanter clairement,

Que c'était un paradis que sa voix soit entendue.

On pourrait multiplier indéfiniment les citations qui témoignent de la sensibilité exquise de Chaucer à l'égard de la beauté sensuelle et de sa réponse immédiate, presque exclamative. Par-dessus tout, il est ému par la beauté des « gens jeunes et frais, lui et elle » ; par la grâce et la rapidité des êtres vivants, des oiseaux et des animaux ; par des fleurs et des paysages placides et lumineux, semblables à des parcs.

Il est intéressant de noter à quelle fréquence Chaucer parle d'animaux. Comme beaucoup d'autres sages, il perçoit qu'un animal a, dans un certain sens, un caractère plus humain qu'un homme. Car un animal a à l'homme le même rapport qu'une caricature à un portrait. D'une certaine manière, une caricature est plus vraie qu'un portrait. Il révèle toutes les faiblesses et les absurdités dont la chair est l'héritière. Le portrait fait ressortir la grandeur et la dignité de l'esprit qui habite la chair souvent ridicule. Ce n'est pas seulement que Chaucer a écrit des fables régulières, bien que le *Conte du prêtre-nonne* le place parmi les grands fabulistes du monde, et qu'il y ait aussi beaucoup de sujets définitivement fabuleux au *Parlement des Poules* . Non, ses références aux bêtes ne se limitent pas aux seules histoires d'animaux ; ils sont disséminés dans ses œuvres. Il s'appuie pour une grande partie de sa psychologie et pour une grande partie de sa description la plus vivante sur la comparaison de l'homme, dans son caractère et son apparence (qui chez Chaucer sont toujours indissolublement mêlés), avec les bêtes. Prenons, par exemple, cette comparaison enchanteresse dans laquelle Troilus, obstinément anti-naturel en refusant d'aimer comme la loi du genre le lui ordonne, est comparé au cheval nourri au maïs, à qui il faut enseigner la bonne conduite et la saine philosophie sous le fouet. :

Comme Bayard est fier de sauter

À l'écart, ainsi lui pique son maïs,

Jusqu'à ce qu'il ait un coup de fouet du long fouet,

Alors il pense : « Même si je caracole tout biforn,

Premier dans la trace, plein de graisse et nouveau tondu,

Pourtant je ne suis qu'un cheval, et la loi des chevaux

Je dois endurer et avec mes frais dessiner.

Ou encore, les femmes ayant un goût trop prononcé pour les beaux vêtements sont assimilées au chat :

Et si la peau du chat est lisse et gaie,

Elle ne restera pas dans la maison une demi-journée,

Mais elle le fera, avant qu'un jour ne soit arrivé

Pour montrer sa peau et aller en caterwrawet.

Dans ses descriptions de l'apparence personnelle de ses personnages, Chaucer utilise constamment des caractéristiques animales. Les êtres humains, beaux et hideux, sont largement décrits en termes d'animaux. Il est intéressant de voir combien de fois, dans cette description exquise d'Alisoun, la femme du charpentier, Chaucer produit ses effets les plus clairs et les plus aigus par une référence à une bête ou à un oiseau :

Cette jeune femme était belle, et en même temps

Comme toute belette, son corps est gentil et petit...

Mais sa chanson était aussi forte et aussi dure

Tout comme l'hirondelle gazouillant sur une grange.

Elle pourrait donc sauter et faire un jeu

Comme n'importe quel chevreau ou veau qui suit sa dame.

Sa bouche était douce comme le bragot ou la viande,

Ou un trésor de pommes, déposées dans le foin ou la bruyère.

Elle grimaçait, comme un joyeux poulain,

Long comme un mât et droit comme un boulon.

Nous retrouvons sans cesse de telles similitudes dans les poèmes de Chaucer, et le résultat est toujours une image d'une précision et d'une vivacité extraordinaires. En voici par exemple quelques-uns :

Gaylard il était comme le chardonneret dans le châle,

ou,

Il avait un regard si brillant comme celui d'un lièvre ;

ou,

Son crâne était aussi empilé (chauve) qu'un singe.

Les frères indulgents sont

Comme Jovinien,

Gros comme une baleine et marchant comme un cygne.

Le Pardonneur décrit sa propre prédication en ces termes :

Puis j'ai mal à étendre mon cou

Et l'est et l'ouest sur le peuple que j'appelle,

Comme le fait une colombe assise sur une grange.

Très souvent aussi, Chaucer tire ses métaphores les plus heureuses des oiseaux et des bêtes. De Troie dans son malheur et son déclin, il dit : Fortune

Gan arrache les plumes brillantes de Troie

De jour en jour.

Troilus, malade d'amour, soliloque ainsi :

Il dit : « Ô imbécile, tu es maintenant dans le piège

C'est quand j'ai japé sur la douleur des amoureux,

Maintenant tu es là, maintenant ronge ta propre chaîne.

La métaphore des plumes lumineuses de Troie me rappelle une très belle comparaison empruntée à la vie des plantes :

Et comme en hiver nous sommes restés privés,

L'un après l'autre, jusqu'à ce que l'arbre soit nu,

De sorte qu'il ne reste plus que de l'écorce et des branches,

Lieth Troilus, privé de tout bien-être,

Ybounden dans l'écorce noire du soin.

Et cela, à son tour, me rappelle ce couplet dans lequel Chaucer compare une fille à un poirier en fleurs :

Elle était bien plus heureuse de voir

Que le nouvel arbre parjonette.

Chaucer est aussi à l'aise parmi les étoiles que parmi les oiseaux, les bêtes et les fleurs de la terre. Il y a aujourd'hui des hommes de lettres qui non seulement n'ont pas honte d'avouer leur ignorance totale de tous les faits d'ordre « scientifique », mais qui s'en vantent même. Chaucer aurait considéré ces personnes avec pitié et mépris. Sa propre connaissance de l'astronomie était vaste et exacte. Ceux dont l'éducation a été aussi horriblement imparfaite que la mienne auront toujours quelques difficultés à le suivre alors qu'il se déplace avec une assurance facile à travers les cieux. Pourtant, il est possible, sans aucune connaissance en mathématiques, d'apprécier les descriptions de Chaucer du grand spectacle du soleil et des étoiles alors qu'ils marchent en triomphe de manoir en manoir tout au long de l'année. Il ne prend pas toujours la peine de sortir son astrolabe et de mesurer les progrès de « Phébus, avec sa charrette rose » ; il peut enregistrer les mouvements du dieu en termes plus généraux que ne peut le comprendre même l'homme de lettres de mille neuf cent vingt-trois. Voici, par exemple, une description de « la froide saison glaciale de décembre », dans laquelle les matières célestes et terrestres se mêlent pour former un tableau d'une richesse extraordinaire :

Phebus est vieux et taillé comme Latoun,

Que dans son hôtel déclinacioun

Brillait comme l'or brûlé, avec des ruisscaux brillants ;

Mais maintenant, en Capricorne, la lumière est tombée,

Alors qu'il brillait tout pâle ; J'ose bien dire

Les gelées amères avec la neige fondue et la pluie

Le vert est détruit dans chaque cour.

Janus est assis près du feu avec une double barbe,

Et il boit du vin dans son cor de clairon ;

Devant lui se trouvent les muscles d'un porc aux défenses,

Et « *Noël* » crie tout homme vigoureux.

Il ne semble pas avoir cru à l'astrologie. Le magnifique passage du *Conte de l'Homme de Loi*, où il est dit que

Dans les étoiles, plus claires que le verre,

Est écrit, Dieu sait, qui peut le lire,

La mort de tout homme sans Drede,

est contrebalancée par la déclaration catégorique trouvée dans le traité scientifique et pédagogique sur l'astrolabe, selon laquelle l'astrologie judiciaire n'est qu'une tromperie.

Son scepticisme à l'égard de l'astrologie n'est pas surprenant. Tout en accordant une grande importance à l'autorité, il préfère les preuves de l'expérience, et là où ces preuves font défaut, il se contente de professer un agnosticisme discret. Son respect pour la loi du genre s'accompagne d'une méfiance complémentaire à l'égard de tout ce qui ne semble pas appartenir à l'ordre naturel des choses. Il y a des moments où il doute même des croyances fondamentales de l'Église :

J'ai mille faux-semblants pour dire aux hommes du troupeau

Qu'il y a de la joie au ciel et du peyne en enfer ;

Et j'accepte bien qu'il en soit ainsi.

Mais néanmoins, c'est ce que je fais aussi

Qu'il n'y a personne qui habite dans ce pays

Cela se fera soit en enfer, soit au paradis.

Du sort de l'esprit après la mort, il parle à peu près dans le même style :

Son esprit a changé et il y est allé

Comme je ne suis jamais venu, je ne sais pas où ;

C'est pourquoi je m'attarde, je ne suis pas diviniste ;

Des âmes fynde je ne suis pas dans ce registre,

Je ne liste pas les opinions à dire

Mais ils savent où ils habitent.

Il n'a aucune patience avec les superstitions. La croyance aux rêves, aux augures, la peur du « scrupule des corbeaux ou du schrychynge de ces hiboux » ne conviennent pas à un homme qui se respecte :

Y jeter à la fois du faux et du ignoble est ;

Hélas, hélas, une créature si noble

Comme c'est le cas, un homme redoutera une telle ordure !

Par un jeu de mots absurde, il tourne en ridicule tous les arts magiques de la prophétie de Calchas :

Alors, quand ce Calkas a su par calkulynge,

Et même en réponse à cet Apollon

Que les Grecs ont refusé d'amener un tel peuple,

Par quoi ce Troye doit être pardonné,

Il chassa aussitôt la ville pour partir.

Ce ne serait pas faire une comparaison fantaisiste que de dire que Chaucer ressemble à bien des égards à Anatole France. Les deux hommes possèdent un amour profond pour ce monde en soi, associé à un scepticisme profond et doux à l'égard de tout ce qui se trouve au-delà de ce monde. Pour tous deux, la somptueuse beauté de la nature est une source de bonheur inépuisable et suffisante. Ni l'un ni l'autre n'est ascète ; dans la douleur et la privation, ils ne voient que le mal. Pour eux deux, l'idée selon laquelle le renoncement et l'auto-mortification sont nécessairement justes et productifs de bien est totalement étrangère. Tous deux sont des apôtres de la douceur et de la lumière, de l'humanité et du raisonnable. Une tolérance sans limites à l'égard de la faiblesse humaine et une pitié, non moins sincère bien qu'un peu ironique, les caractérisent tous deux. Une connaissance approfondie des maux et des horreurs de ce monde inintelligible les rend d'autant plus attachés à sa bienveillante beauté. Mais sur au moins un aspect important, Chaucer se révèle être l'esprit le plus grand et le plus complet. Il possède, ce que n'a pas Anatole France, une compréhension imaginative autant qu'intellectuelle des choses. Face à l'infinie variété du caractère humain, Anatole France fait preuve d'une curieuse impuissance d'imagination. Il ne comprend pas les personnages dans le sens où, disons, Tolstoï les comprend ; il ne peut pas, par le pouvoir de l'imagination, pénétrer à l'intérieur, devenir ce qu'il contemple. Aucune des personnes de sa création n'est un personnage complet ; on ne peut pas les regarder sous tous les angles ; ils sont représentés, pour ainsi dire, à plat et non en trois dimensions. Mais Chaucer a le pouvoir de se glisser dans le personnage de quelqu'un d'autre. Sa compréhension des hommes et des femmes sur lesquels il écrit est complète ; ses moindres esquisses de personnages sont toujours solides et tridimensionnelles. Le Prologue des *Contes de Cantorbéry*, dont les effets sont presque entièrement produits par la description de caractéristiques physiques extérieures, nous fournit l'exemple le plus évident de son dessin tridimensionnel. Ou encore, prenons cette description dans le conte du marchand du vieux January et de sa jeune épouse May après leur nuit de noces. Il s'agit uniquement d'une description de détails extérieurs, mais le résultat n'est pas une image superficielle. Nous avons un aperçu des personnages dans leur intégralité :

Il travaille ainsi jusqu'à ce que le jour vienne.

Et puis il prend une gorgée de fine clarré,

Et il s'assied alors debout dans son lit.

Et après cela, il a chanté haut et fort,

Et il a embrassé sa femme et lui a fait des acclamations gratuites.

Il était tout coltish, plein de rage,

Et plein de jargon comme un pye moucheté.

La peau relâchée autour de son cou tremble,

Pendant qu'il chantait, ainsi il chante et craque.

Mais Dieu, que pensait May dans son cœur,

Quand elle l'a vu assis dans sa chemise,

Dans son bonnet de nuit et avec son cou maigre ;

Elle ne loue pas son jeu comme un haricot.

Mais ce ne sont que de légères esquisses. Pour des portraits en pied de personnages, nous devons nous tourner vers *Troilus et Cressida* , une œuvre qui, bien qu'elle ait été écrite avant la pleine maturité des pouvoirs de Chaucer, est à bien des égards sa réalisation la plus remarquable et, en outre, qui n'a jamais été égalée. pour la beauté et la perspicacité dans tout le domaine de la poésie narrative anglaise. Quand on voit avec quelle certitude et quelle précision Chaucer décrit chaque mouvement de l'esprit de Cressida depuis le premier mouvement où elle entend parler de l'amour de Troilus pour elle jusqu'au moment où elle lui est infidèle, on ne peut que se demander pourquoi le roman de personnage aurait dû être si tarde à faire son apparition. Ce n'est qu'au XVIIIe siècle que les artistes narratifs, utilisant la prose comme médium au lieu du vers, commencèrent à redécouvrir les secrets qui étaient familiers à Chaucer au XIVe siècle.

Troilus et Cressida ont été écrits, comme nous l'avons dit, avant que Chaucer ait appris à utiliser au maximum ses pouvoirs. En coloration, il est plus pâle, moins net et moins brillant que le meilleur des *Contes de Cantorbéry* . Les études de personnages sont là, élaborées avec soin et précision ; mais nous manquons de la vivacité de la présentation avec laquelle Chaucer devait doter son art ultérieur. Les personnages sont tous vivants et complètement vus et compris. Mais ils se déplacent, pour ainsi dire, derrière un voile – le voile de cette convention poétique qui, dans les premiers poèmes, avait presque entièrement enveloppé le génie de Chaucer, et qui, à mesure qu'il grandissait, à mesure qu'il aventurait et découvrait, devenait de plus en plus mince. , et a finalement disparu comme une brume vaporeuse au soleil. Lorsque *Troïlus et Cressida* furent écrits, le brouillard ne s'était pas complètement dissipé, et les figures de sa création, aussi complètes dans leur conception et leur exécution, sont vues un peu vaguement à cause du voile interposé.

Le seul moment du poème où la perspicacité de Chaucer semble lui faire défaut est à la toute fin ; il doit rendre compte de l'infidélité de Cressida, et il ne sait pas comment il va le faire. Shakespeare, lorsqu'il remania le thème, n'eut pas de telles difficultés. Sa version de l'histoire, conçue selon des lignes beaucoup plus grossières que celle de Chaucer, mène évidemment et inévitablement à la conclusion prédéterminée ; sa Cressida est une minx qui est tout simplement à la hauteur de son caractère. Quoi de plus simple ? Mais pour Chaucer, le problème n'est pas si simple. Sa Cressida n'est pas une minx. À partir du moment où il pose les yeux sur elle, Chaucer, comme son malheureux Troilus, tombe éperdument amoureux. Beau, doux, gai ; possédant, il est vrai, un peu de « tendres esprits », mais compensant son manque d'habileté à raisonner par les « avysements soudains » de l'intuition ; vaniteuse, mais non désagréable, de sa beauté et de son pouvoir sur un chevalier aussi grand et noble que Troilus ; lente à ressentir l'amour, mais une fois qu'elle a cédé, rendant à Troilus passion pour passion ; en un mot, la « moins masculine » de toutes les créatures possibles – elle est pour Chaucer l'idéal d'une femme gracieuse et courtoise. Mais, hélas, la vieille histoire nous raconte que Cressida a abandonné son Troilus pour ce grossier combattant d'homme, Diomède. La femme dont Chaucer a fait son idéal ne s'avère pas meilleure qu'elle ne devrait l'être ; il y a un défaut dans le cristal. Chaucer est infiniment réticent à admettre ce fait. Mais la vieille histoire est spécifique dans sa formulation ; en fait, tout son intérêt réside dans l'infidélité de Cressida. Appelé à expliquer la chute de son héroïne, Chaucer est complètement désemparé. Il fait quelques tentatives sans enthousiasme pour résoudre le problème, puis y renonce, se rabattant sur l'autorité. Les anciens employés disent que c'était ainsi, donc il doit en être ainsi, et c'est tout. Le fait est que Chaucer a présenté sa version de l'histoire dans un ton différent de celui que l'on trouve dans les « vieux bokes », avec pour résultat que la note sur laquelle il est obligé de conclure par son respect pour l'autorité est complètement désharmonisée. avec le reste de la musique. C'est ce qui explique le principal, et même le seul, défaut du poème : sa conclusion précipitée et embrouillée.

Je ne peux quitter Cressida sans mentionner le destin qui lui a été préparé par l'un des plus dignes disciples de Chaucer, Robert Henryson, à certains égards le meilleur des poètes écossais des XVe et XVIe siècles. Choqué par le fait que, dans le poème de Chaucer, Cressida ne reçoit aucune punition pour son infidélité, Henryson compose une courte suite, *Le Testament de Cresseid* , pour montrer que la justice poétique a été dûment respectée. Diomède, nous dit-on, s'est lassé dès qu'il a eu « tout son appétit et son mair, accomplissez-le sur cette belle dame » et l'a rejetée pour devenir une vulgaire terne.

Ô beau Cresseid ! la farine et *A en soi*

De Troie et de la Grèce, quelle chance !

Pour changer en crasse toute ta féminité

Et sois avec le désir charnel sa maculait,

Et pars parmi les Grekis, dans les airs et tard

Tellement giglot.

Dans sa misère, elle maudit Vénus et Cupidon de ne lui avoir fait aimer que pour la conduire à cette dégradation :

La graine de l'amour a été semée sur mon visage

Et ils sont devenus verts grâce à votre approvisionnement et votre grâce.

Mais maintenant, hélas ! cette graine est tuée par le gel,

Et moi, les amoureux sont partis, et tous sont partis.

Pour se venger, Cupidon et sa mère convoquent un conseil des dieux et condamnent les *A en soi* de Grèce et de Troie comme d'affreux lépreux. Alors elle sort avec les autres lépreux, armée d'un bol et d'un battant, pour mendier son pain. Un jour, Troïlus passe devant l'endroit où elle est assise au bord de la route, près des portes de Troie :

Alors sur lui elle jeta ses deux een,

Et d'un seul coup, il entra dans son thocht,

Qu'il avait vu quelque temps avant son visage,

Mais elle était dans une telle situation qu'il ne la connaissait pas,

Et pourtant, elle regarde dans son esprit, c'est brocht

Le doux visage et l'éclat amoureux

Du beau Cresseid, parfois son propre chéri.

Il lui fait l'aumône et la pauvre créature meurt. Et ainsi le sens moral est satisfait. Il y a beaucoup de mythologie superflue et de verbiage inutile dans *Le Testament de Cresseid*, mais les lignes principales du poème sont fermement et puissamment dessinées. De tous les disciples de Chaucer, depuis Hoccleve et le moine de Bury jusqu'à M. Masefield, Henryson peut à juste titre prétendre être le plus élevé.

NOTES DE BAS DE PAGE

1. *Poèmes rassemblés* , par Edward Thomas : avec un préface de W. de la Mare. Selwyn et Blount.

2. *Wordsworth : an Anthology* , édité, avec une préface, par TJ Cobden-Sanderson. R. Cobden-Sanderson.

3. *Ben Jonson* , par G. Gregory Smith. (Série des hommes de lettres anglais.) Macmillan, 1919.

www.ingramcontent.com/pod-product-compliance
Lightning Source LLC
LaVergne TN
LVHW041705190726
843493LV00007B/1960